부자가 된 제경이의 용돈 관리법

특허받은 용돈 관리 노하우

부자가 된 제경이의 용돈 관리법
특허받은 용돈 관리 노하우

ⓒ 윤영애, 2025

초판 1쇄 인쇄 2025년 8월 10일
초판 1쇄 발행 2025년 8월 20일
작가 **윤영애**

출판사 **재노북스**
기획편집 **윤서아**   디자인 **윤서아, 전혜림**
콘텐츠사업 및 마케팅 **이시은, 임지수, 김민지**
작가컨설팅 **윤서아**

출판등록 2022년 4월 6일 제2023-000076호
주소 서울특별시 금천구 가산디지털1로 205-27 에이원빌딩 705호
대표전화 0507-1381-0245   팩스 050-4095-0245
이메일 dasolthebest@naver.com
블로그 zeno_books@naver.com

ISBN 979-11-94868-08-8(43300)   22,000원

부자가 된
제경이의 용돈관리법

용돈에서 시작하는 청소년 경제 독립 프로젝트

작가 윤영애 | 그림 윤서아

"용돈은 작지만, 인생은 크다!"

경제 감각이 자라는 10대를 위한
인생 첫 경제 수업 지침서

재노북스
ZENOBOOKS

'폭싹 속았수다'를 보며 펑펑 울었던 이유는 드라마 속 이야기가 바로 나의 이야기였기 때문입니다. 『부자가 된 제경이의 용돈 관리법』을 읽는 내내 그때와 같은 감정을 느꼈습니다. 돈의 소중함과 올바른 경제관을 청소년의 눈높이로 생생하게 그려낸 점이 인상적입니다. 불확실한 경제 시대에 청소년은 물론 학부모들에게도 필독서로 자신 있게 추천합니다.

- 이준선, KB라이프파트너스 지점장

『부자가 된 제경이의 용돈 관리법』은 청소년들에게 경제의 첫걸음을 떼게 도와주는 책입니다. 재미있는 스토리와 일상에 바로 활용할 수 있는 알찬 경제 팁이 가득합니다.

- 이시은, 재노스쿨 대표 및 청소년 금융교육 전문가

이 책은 단순한 경제 지식을 넘어 삶에서 돈을 어떻게 대하고 활용해야 하는지 깊이 있는 지혜를 담고 있습니다. 청소년들에게 꼭 권하고 싶은 최고의 경제 가이드북입니다.

- 이영승, (전) 교육부 연구사

중학생 아이가 이 책을 읽은 뒤 경제에 흥미를 가지기 시작했습니다. 어렵게만 느껴지던 경제를 쉽고 재미있게 풀어낸 놀라운 책입니다.

- 임혜경, 전주시 학부모 독서모임 리더

경제적 독립과 사회적 책임감을 자연스럽게 생각하게 만드는 청소년 경제 에세이입니다. 재미와 감동을 동시에 느낄 수 있었습니다.

- 유양석, AI영화감독 및 인공지능 강사

경제를 배우는 것이 곧 인생을 배우는 것임을 깨닫게 해주는 책입니다. 청소년들에게 올바른 경제관과 미래 설계 능력을 키워줄 귀중한 안내서입니다.

- 김수진, 중계동 브레인K 논술학원장

용돈, 그 작은 돈이
인생을 바꿀 수 있을까?

그날, 제경이는 용돈이 끊겼다. 엄마는 말끝을 흐리며 "조금만 기다려보자" 했지만, 그 말은 곧 '당분간은 없다'는 뜻이었다. 3월이었고, 새 학년이 시작된 첫 주였다. 책가방엔 새 공책도, 새 필통도 없었다. 더 이상 친구들과 편의점에 갈 수 없고, 헌 운동화로 체육시간을 버텨야 했다. 마음 한구석이 쿵 내려앉았다.

그날 이후, 제경의 시선은 달라졌다. 이전까지는 그냥 '받는 것'이었던 용돈이, 이제는 '관리해야 할 것'이 되었고, 나아가 '살아가는 힘'이라는 걸 깨닫기 시작했다. 그 작은 돈의 흐름을 스스로 책임지기 시작한 순간, 제경의 인생이 달라졌다.

혹시 당신도 이런 생각을 해본 적 있나요? "나는 돈을 제대로 배워본 적이 없다."

이 책은 그런 당신을 위한 이야기입니다.

돈을 어떻게 써야 하는지, 어떻게 모으고, 어떻게 불려야 하는지를 한 번이라도 궁금해했던 사람이라면—특히 아직 어리고, 처음 용돈을 받아 본 기억이 선명한 10대라면—이 책에서 그 해답의 실마리를 찾을 수 있을 겁니다.

돈은 단순히 쓰고 모으는 걸 넘어서, '나를 표현하고 세상을 바라보는 방식'이라는 걸 우리는 너무 늦게 배웁니다. 돈 앞에서 흔들렸던 적이 있나요? 돈을 쓰고 나서 후회해 본 적은요? 혹시, 돈이 없어서 꿈조차 미뤄야 했던 순간도 있었나요?

이 책은 그런 고민 앞에 선 모든 10대를 위한 인생 경제 수업입니다.

이야기 속 주인공 제경이는 용돈 가계부를 처음 쓰던 날부터, 친구와의 데이트 앞에서 갈등하고, 가정의 위기를 넘기며 '돈을 다루는 사람'으로 성장해 갑니다. 그 여정을 따라가다 보면, 독자 여러분도 자신만의 경제 감각을 깨워가게 될 것입니다.

돈이 없어 막막했던 날, 돈을 쓰고 후회했던 순간, 돈을 모아 뿌듯했던 기억…

그 모든 순간이 여러분의 인생을 설계하는 첫 번째 연습이었다는 걸, 이 책은 따뜻하게, 그리고 생생하게 알려줄 것입니다.

한 소년의 용돈은, 어떻게 인생을 바꿨을까요? 지금, 그 이야기를 시작합니다.

목차

PART 1

열여섯,
돈의 의미를 깨닫다

사라진 사회책, 엇갈리는 운명

9A를 향한 질주, 뜻밖의 암초를 만나다

1학기 기말고사를 코앞에 둔 6월 마지막 주. 드디어 9A, 9과목 올 A를 찍어보겠다고 밤낮으로 엉덩이를 붙이고 있던 한제경에게 청천벽력 같은 일이 벌어졌다. 점심 먹고 독서실로 돌아왔더니… 사회 책이 감쪽같이 사라진 것!

"젠장… 사회… 하필 사회라고?!"

다른 과목이야 어찌저찌 벼락치기라도 해보겠지만, 사회는 진짜 젬병이었다. 억지로 머릿속에 쑤셔 넣어도 돌아서면 까먹는 그 빌어먹을 암기 과목. 이번엔 작정하고 필기까지 꼼꼼하게 해놨는데, 그걸 누가 훔쳐가?!

다음 날부터 제경은 말수가 현저히 줄었다. 아니, 그냥 벙어리가 된 수준이었다. 쉬는 시간, 점심시간, 심지어 화장실 갈 때까지 좋알좋알 떠들던 수다쟁이가 웬일로 조용하냐며 친구들이 걱정할 정도였다. 하지만 제경의 머릿속은 온통 사라진 사회책 생각뿐이었다.

"아… 이번 시험 망했다. 사회 때문에 평균 깎아 먹으면 어떡하지? 9A 는 물 건너갔네…"

그런 제경을 걱정스럽게 바라보던 같은 반 친구 지수가 조심스럽게 말을 걸어왔다.

"야, 한제경! 너 요즘 왜 이렇게 꿀 먹은 벙어리야? 평소 같았으면 벌써 오백 마디는 쏟아냈을 텐데."

"신경 꺼."

"뭐? 걱정해주는 사람한테 싸가지 없이 굴기는. 무슨 일인데? 말해봐, 혹시 내가 도와줄 수 있는 일이라도 있을지 모르잖아."

지수의 다정한 말투에 꾹꾹 눌러왔던 감정이 터져 나오려는 찰나, 제경은 겨우 울먹이는 목소리를 삼키며 대답했다.

"그게… 사회 책이 없어졌어…"

"뭐? 사회 책이 없어졌다고? 어디서?"

"독서실…"

"헐… 그럼 누가 훔쳐 간 거야?"

"글쎄… 동네 독서실이라 CCTV도 없고…"

지수의 눈빛이 안쓰러움으로 가득 찼다. "어떡해… 시험 얼마 안 남았는데…"

"어떡하긴 뭘 어떡해. 그냥 망하는 거지. 내 인생이 원래 다 그렇지 뭐."

제경은 자포자기한 듯 툭 내뱉었다. 그 순간, 지수의 표정이 미묘하게 변했다. 걱정 어린 표정은 온데간데없이, 입가에 얄미운 미소가 번진 것이다.

"푸흐… 설마 너 그 빽빽이 필기한 사회책 때문에 9A 못 받을까 봐 똥 줄 타는 거야?"

"뭐?! 빽빽이?! 야, 그거

아우, 이젠 현지수 쟤까지 날 긁어대는 판이다. 생각해 보니 얄미움도 재능이라면 재능이지. 초등학교 때부터 쭈욱 좋아했지만 감히 고백할 엄두도 못 냈다. 중학교까지야 어찌저찌 같이 붙어 다녔지만, 고등학교는 또 어떻게 될지 모르는 일이다. 녀석은 워낙 공부를 잘해서 특목고는 따 놓은 당상일 텐데. 늘 전교 1등 자리를 놓치지 않는, 저 똘망똘망한 눈빛에 똑 부러지는 성격. 그런 현지수 마음에 들려면 나도 죽어라 공부하는 수밖에 없었다.

드디어 2학년 기말고사에서 6A를 찍었다. 나름 10등 안에는 들었단 얘기다. 그랬더니 그 철부지, 사고뭉치 취급하던 눈빛이 아주 쪼오끔 달라진 것도 같았다. 좋아, 이거야! 3학년 때는 기필코 반에서 1등을 하고 말 테다! 현지수, 조금만 기다려!

그렇게 의기양양하게 3학년 첫 기말고사를 맞이하려던 찰나, 젠장, 사회책 실종 사건이라니. 왜, 꼭 뭐 좀 해보려고 하면 이렇게 일이 터지는 걸까. 신은 대체 왜 나한테만 이러는 걸까.

이를 악물고 독서실을 옮겼다. 재수 없는 동네. 내가 다시는 발길 붙이나 봐라. 시내 한복판, 나름 크고 번듯한 곳으로 향했다. 사실, 거기엔 현지수가 다니고 있었다. 녀석 몰래 실력 좀 키워서 깜짝 놀래주려고 일부러 피해 다녔는데, 이젠 선택의 여지가 없었다. 최대한 눈에 띄지 않게 조용히 다니다가 와야 한다. 제발 마주치지 않기를.

참고서 따위로는 도저히 불안감을 떨칠 수가 없었다. 사회책, 그것도 내 필기가 빽빽하게 들어찬 바로 그 사회책이 있어야 하는데. 억지로 억지로 진도를 나가고 있는데, 등 뒤로 스멀스멀 다가오는 인기척.

'뭐지? 여긴 아는 척할 녀석 없을 텐데.'

심장이 쿵 내려앉는 기분으로 고개를 돌린 순간, 눈앞에 나타난 건 다름 아닌 현지수였다.

짝사랑 그녀에게 빚을 지다

"야, 한제경. 웬일로 독서실에 꼬박꼬박 출근이시네? ㅋㅋㅋ 혹시 공부에 맛이라도 들었나?"

현지수의 얄미운 목소리가 등 뒤에서 들려왔다. 아, 망했다. 최대한 눈에 안 띄려고 노력했는데, 결국 딱 걸려버렸잖아.

"됐거든. 너야말로 공부나 열심히 해. 괜히 1등 자리 뺏기지 말고."

"흥, 걱정 마시지. 그럴 일 절대 없으니까. 근데 너, 그 험악한 독서실은 왜 옮긴 거야? 혹시… 귀신이라도 봤어?"

"시끄러. 내 알 바 아니잖아."

"참나, 팅기기는. 야, 근데 사회 책은 어떡할 건데? 시험 얼마 안 남았잖아. 쌤한테 말해서 빌려달라고 할까?"

"됐어. 알아서 할 거야."

"쯧쯧, 고집은. 에휴, 내가 진짜 너 때문에 못 산다. 자, 3일이다. 빡세게 굴려라, 나도 복습해야 하니까."

현지수가 툭, 하고 내 책상 위에 사회책을 던져놨다. 엥? 뭐야? 설마… 내 잃어버린 사회책은 아니겠지?

"이게 뭔데?"

"보면 몰라? 사회 책이잖아, 멍청아. 너 사회 젬병인 거 뻔히 아는데, 그냥 모른 척할 수가 없잖아. 착한 현지수, 오늘도 열 일 한다, 칭찬해 줘!"

"야, 너 설마… 내가 독서실 온 거 알고 일부러?"

"당연하지! ㅋㅋㅋ 둔탱이, 그걸 이제 알았냐? 사회는 내가 먼저 끝내놔서 당분간 필요 없거든? 3일 줄 테니까, 빡세게 굴리고 토해내. 알겠냐?"

오 마이 갓… 현지수가 내 잃어버린 사회책을 구해다 준 것도 모자라서, 자기 책까지 빌려주겠다고?! 뭐야, 이거 완전 드라마에서나 보던… 츤데레 여주인공 아냐?!

"크흠… 그러니까, 이건 빌려주는 거고, 갚아야 하는 거지? 공짜는 없는 거고?"

"당연하지! 내 귀한 사회책을 아무나 빌려주겠냐? 3일 안에 뽕 뽑을 자신 없으면 그냥 갖다 줘. 아깝지만, 다른 애 빌려줘야지."

"아니, 뽕은 무슨… 3일 안에 완전 마스터해서 현지수 뇌 속에 있는 사회 지식까지 몽땅 흡수해버릴 테니까, 걱정 마!"

"ㅋㅋㅋ 그래, 어디 한번 해보시지? 기대하겠어."

현지수는 씩 웃으며 내 어깨를 툭 쳤다. 아… 심장아, 제발 좀 얌전히 있어! 터지기 일보 직전이잖아!

젠장, 현지수, 너 진짜… 사람 설레게 하는 재주가 있다니까. 초등학교 때부터 9년 동안 짝사랑한 보람이 있는 건가? ㅋㅋㅋ 아니, 잠깐만. 설레는 건 설레는 거고, 일단 사회 공부부터 해야 한다. 3일 안에 현지수 책 완전히 마스터해서 9A 찍고 현지수의 마음을 사로잡으려면.

"야 잠깐만, 어떻게 갚으면 되는데? 말은 하고 가야지!"

"됐다, 누나 감사합니다~ 하고 속으로 백만 번만 외쳐! 그럼 돼!"

"아 농담하지 말고! 빨리 말하라고!"

"됐다니까! 친구 사이에 무슨, 야 너랑 나랑 무려 9년이야 9년!"

" 됐고 그럼 내가 나중에 시험 끝나고 영화나 한번 보여줄게, 이 오빠가 빚지고는 못 사는 성격이라 그런 거니 그런 줄 알아라."

"아니야 진짜 괜찮아, 나 시험 끝나고 바로 미국에 계신 할머니 댁에 가야 해."

"뭐? 미국? 가서 언제 오는데?"

"응 방학 다 지내고 올 거 같아, 할머니가 몸이 편찮으셔서 이번 방학은 거기서 지내고 오고 싶어하셔서 아빠께서."

"아 그렇구나…그럼 미국 다녀와서 보여주면 되지. 그래 알았다. 잘 다녀와라."

심장이 쿵쾅쿵쾅 밖으로 튀어나오는 줄만 알았다. 내 인생에 여자에게 데이트 신청이라니. 하…드라마에서나 보던 그 장면이 실제로는 이렇게나 미친 듯이 떨리는 경험이었다니…. 하…드디어 내가 현지수와 단둘이 만나는 순간이 오는 것이다…흐흐흐흐흐

Chapter 1-1: 사라진 사회책, 엇갈리는 운명

1. 희소성이란?

희소성은 우리가 원하는 것보다 그것의 양이 적을 때 생기는 상황을 말해요. 쉽게 말해, '부족함'을 뜻하죠. 자원이 부족해서 모든 것을 가질 수 없는 상태를 희소성이라고 해요.

● **희소성의 예시**

1. 한정판 운동화

   : 1,000켤레만 만들어진 인기 운동화는 희소성이 높아요.

2. 콘서트 티켓

   : 인기 가수의 콘서트 티켓은 금방 매진되어 구하기 어려워요.

3. 깨끗한 물

   : 일부 지역에서는 깨끗한 물이 부족해 귀중한 자원이에요.

● **희소성이 중요한 이유**

1. 가치 상승

   : 희소한 물건은 대개 더 비싸고 가치 있게 여겨져요.

2. 수요와 공급

   : 희소성은 물건의 가격을 결정하는 데 큰 역할을 해요.

3. 선택의 문제

경제지식 한 스푼

: 모든 것을 가질 수 없기 때문에, 우리는 선택해야 해요.

● 우리 생활 속 희소성

1. 시간

: 하루는 24시간뿐이에요. 어떻게 쓸지 잘 선택해야 해요.

2. 용돈

: 제한된 용돈으로 무엇을 살지 결정해야 해요.

희소성을 이해하면 자원을 더 현명하게 사용하고, 물건의 가치를 더 잘 알 수 있어요. 또한, 우리가 가진 것에 더 감사할 수 있게 되죠.

Q 퀴즈 1.

한정된 자원 때문에 모든 것을 다 가질 수 없는 상황을 "희소성"이라고 한다. (O / X)

A. O (맞아요! 이게 바로 희소성의 핵심이에요.)

Q 퀴즈 2.

하루는 몇 시간밖에 없기 때문에, 우리는 시간을 어떻게 사용할지 _____ 해야 해요.

A. 선택 (시간도 희소한 자원이기 때문에 선택이 필요하죠!)

우리집에 돈이 없다구요?

성적 향상의 기쁨도 잠시, 내 용돈은 어디로?

두구두구두구… 운명의 기말고사 성적 발표! 제경은 숨을 멈췄다. 모니터에 뜬 숫자를 확인하는 순간, 뇌가 찌릿 울렸다. 9A! 9과목 올 A!

"꺄아아아악!"

제경은 의자에서 펄쩍 뛰어올랐다. 드디어 해냈다! 이 한제경 인생에 이런 날이 오다니! 감격에 겨운 눈물이 핑 돌았다. 현지수, 네 사회책 덕분이야! 역시 공부 잘하는 애들은 필기부터가 다르다니까? 이제 당당하게 현지수 얼굴 볼 낯이 생겼다. 방학 끝나고 미국에서 돌아오면 뭐 입고 나가지? 영화는 무슨 영화를 볼까? 햄버거는 무슨 햄버거를 먹지? 벌써부터 행복회로가 풀가동되기 시작했다.

"엄마! 엄마! 엄마아아아!!"

"아니, 이 녀석이 웬일로 엄마를 찾고 난리야? 뭐 잘못 먹었어?"

"엄마! 나 이번 시험 9A 받았어! 9과목 전부 A라고!"

"어머, 정말? 와, 우리 아들 진짜 대단하다! 축하해, 제경아!"

엄마의 칭찬에 어깨가 으쓱해진 제경은 슬며시 본론을 꺼냈다.

"엄마, 그래서 말인데, 지난달에 못 주신 용돈이랑 이번 달 거랑 합쳐서 주시면 안 될까요? 친구한테 신세 갚을 일이 좀 있어서요."

"친구? 걔 누구? 혹시… 남자애?" 엄마의 눈이 반짝 빛났다.

"아, 그게 아니라 시험공부 도와준 친구가 있는데 밥이랑 영화 보여주기로 했거든요. 마지막 주에 보기로 했는데 미리 준비할 게 좀 있어서요."

"그래? 음… 언제 보기로 했는데?"

"마지막 주요. 그때까지 옷도 좀 사고, 뭐 선물이라도 하나 살까 해서요."

"음… 그게 말이다, 제경아. 엄마가 다음 주쯤에 준비해 볼게."

"네? 또요? 엄마 계속 그런 식으로 미루다가 지난달도, 지지난번 달도 아예 안 주신 거 잊으셨어요? 아, 진짜 왜 그러세요, 도대체?"

이번에도 다음에 준다는 엄마의 말에 제경은 뚜껑이 열렸다. 초등학교 5학년 때부터 꼬박꼬박 받아온 용돈인데, 언제부터인가 고무줄처럼 늘었다 줄었다 하더니, 3학년이 되어서는 석 달에 한 번꼴로 찔끔찔끔 쥐어주는 게 전부였다.

"아, 진짜 짜증나! 엄마 약속 좀 지키면 안 돼요? 돈 약속은 꼭 지키랬으면서, 왜 맨날 이러시는 건데요?"

제경은 씩씩거리는 숨을 억누르며 엄마를 쏘아봤다. 대체 왜 이러시는 걸까. 용돈 더 달라는 것도 아니고, 원래 받던 대로 달라는 건데, 왜 이렇게 미적거리시는 건지 도무지 이해가 가지 않았다.

"대체 왜 그러시는 건데요? 제가 뭐 떼돈이라도 달래요? 겨우 6만 원인데, 그걸 왜 못 주세요?"

엄마의 얼굴이 갑자기 잿빛으로 변했다. 마치 죄라도 지은 사람처럼 입술을 달싹거렸지만, 차마 말을 잇지 못했다.

순간 엄습해 오는 공포감…

"엄마 혹시 집에 무슨 일 있어요? 네? 그런 거예요?"

엄마는 한참을 말씀을 못 꺼내시다가 어렵게 얘기를 해주셨다. 나에게는 꼭 비밀로 하라고 하셨던 아버지의 부탁과 함께 말이다.

가족의 경제적 위기를 마주하다

"하아… 그래, 말해야겠지."

한숨과 함께 힘겹게 입을 뗀 엄마의 목소리는 가늘게 떨리고 있었다. 그 떨림은 제경의 심장을 더욱 불안하게 잠식해 들어왔다.

"사실… 2년 전부터 아빠 사업이 엄청 어려워졌어."

"네? 무슨… 식당 잘 되잖아요?"

"겉으로만 그런 거야. 코로나는 직격탄이었어. 체인도 다 정리하고, 지금은 겨우 하나 남은 곳으로 버티고 있는 거야. 그것도 빚으로… 버는 돈은 죄다 빚 갚는 데 들어가고, 가게 운영비, 생활비 내고 나면 남는 게 없어."

제경의 머릿속이 하얗게 변했다. 아빠의 사업이 망했다니. 설마, 설마 했던 일이 현실로 닥쳐오다니. 그동안 철없이 용돈 타령만 했던 자신이 한심하게 느껴졌다.

"죄송해요, 엄마… 저는 아무것도 모르고…"

"아니다, 네 잘못 아니야. 아빠가 너희들 걱정할까 봐 아무 말도 하지 말라고 신신당부를 했어. 힘들어도 꿋꿋하게 버티는 모습만 보여주라고… 근데, 이젠 더 이상 숨길 수가 없구나."

심경이 너무 복잡했다. 불안이 현실이 된것도 너무나 충격이었지만 이해가 안 가니 더 미칠 노릇이었다.

집안 형편이 힘들어졌다는 것은 속상하고 안타까운 일이었지만 제경은 궁금했다. 아무리 집이 힘들어셨다 하더라도, 이렇게 돈이 하나도 없단 말인가? 내 용돈도 못 줄 만큼? 왜 어째서? 엄마 아빠는 매일매일 일을 하러 나가시는데? 가게에는 매일매일 손님들이 오고 있는데 대체 이건 다 뭐지???

제경은 죄송함을 무릅쓰고 엄마께 한 번 더 여쭈어 보기로 했다.

"엄마, 집이 힘들어진 것은 알겠어요, 그런데 그래도 제 용돈 두 달 치 12만 원을 못 줄 정도라는 게 저는 와닿지가 않아요. 엄마 아빠는 매일 일을 하시고, 가게에도 매일 손님들이 오고 있잖아요. 그런데 어떻게 돈이 하나도 없어요? 엄마 아빠 계속 벌고 계시잖아요?"

처음 보는 아들의 태도에 엄마는 적잖이 당황을 하신 듯했다. 한편으론 아들의 바람을 못 들어주고 있다는 생각에 괴로움이 얼굴에 고스란히 드러나고 계셨다.

한동안 말씀이 없으시던 어머니께서 아버지와의 약속을 어기시고 답답해하는 나에게 꽤 구체적으로 집안의 상황을 설명해 주셨다.

가게에 손님들이 오고는 있지만, 이미 많은 대출로 인해 그렇게 손님이 와도 갚아야 할 대출원금과 이자, 가게 운영비, 생활비를 충당하기에는 택도 없이 부족한 실정이라고. 웬만한 건 신용카드로 다 해결하고 있다고.

왜 그렇게 많은 대출이 생겼는지, 그렇게 힘들어지기까지 이 상황을 피할 방법은 없었는지, 그렇다면 잘 버시던 시절에 모아 둔 돈은 없으셨는지, 그 돈을 다 어디에 쓰신 건지 등 머릿속에 떠오르는 대로 닥치는 대로 엄마께 질문을 던졌다. 엄마는 포기를 하신 듯한 표정으로 이어서 설명을 해주셨다.

"사실, 아빠가 사업 확장하시면서 무리하게 대출을 많이 받으셨어. 코로나 때문에 손님이 뚝 끊기면서 빚더미에 올라앉게 된 거지. 엎친 데 덮친 격으로, 금리까지 오르는 바람에 이자 감당도 안 되고… 그렇다고 손놓고 있을 수만은 없으니, 빚을 내서라도 버텨보려고 발버둥 친 거야."

"모아둔 돈은요? 잘나가시던 시절에 꽤 많이 버셨잖아요."

"그 돈… 대부분 사업에 재투자했어. 체인 늘리고, 설비 바꾸고… 미래를 위해 아낌없이 쏟아부은 거지. 근데… 이렇게 될 줄은 정말 몰랐어."

엄마는 흐느끼며 말을 이었다.

"잘 벌던 시절이니 별생각 없이 집도 계속 넓히고, 차도 사고, 가게도 계속해서 확장한 거지.. 아버지도 계속 잘 벌리고 있었기 때문에 사업을 더 크게 키우시기 위해 번 돈을 모두 다시 가게에 재투자하신 거지 생각 없이 그러신 게 아니야. 결국, 지금은 빚만 잔뜩 남았어. 집도 담보로 잡혀 있고, 당장 다음 달 대출 이자 갚을 돈도 없는 상황이야. 그리고 사실 아빠 식당이 잘 되긴 했는데 정확히 얼마를 버시는 건지 그런 거까진 엄마도 몰랐어. 엄마는 그냥 살림만 하고 아빠가 생활비도 다 알아서 하셨으니까."

"우리 집은 생활비도 많이 든 건가요?"

"엄마도 잘 모르겠어."

"네? 엄마가 우리 집 생활비를 모른다고요?"

"응 대충만 알아."

"그게 무슨 소리예요? 우리 집 살림살이는 엄마가 하시잖아요?"

"그렇긴 한데 엄마는 그냥 아빠 카드로 쓰고 있고 각종 보험료나 대출 이자, 너희 학원비 등등 아빠가 다 결제하시니까 엄마도 자세히는 몰라. 그리고 네가 아직 어려서 모르는 건데 돈 모으기가 쉽지 않아. 많이 벌었다 해도 솔직히 저축하는 게 쉽지 않기도 하고… 그 번 돈을 어디에 어떻게 썼는지도 정확히는 모르겠고 그냥 다 살림하고 애들 키우고 사업하다 보니 다 들어간 거야. 정말 한순간에 이렇게 될 거라고… 금방 지나가겠지 싶어 대출로 계속 버텼어. 그런데 이젠 그 대출마저도 꽉 차서 남은 체인 하나마저도 처분해야 할 거 같아."

아니 번 돈이 얼마나 되는지? 어디에 어떻게 썼는지를 모르신다고? 도무지가 이해가 안 가는 말들의 연속들이었다.

망연자실한 표정으로 엄마를 바라볼 수밖에 없었다. 빚더미, 대출 이자, 담보…. 우리 집이 이 정도였다니…충격이 쉽게 가시지 않았다.

Chapter 1-2: 우리 집에 돈이 없다고요?

1. 가정 경제와 예산 관리란?

우리 집에서 매달 돈이 들어오고 나가는 것을 가정 경제라고 해요. 부모님이 돈을 벌어도, 대출이 많거나 지출이 계획 없이 이루어지면 돈이 남지 않을 수도 있어요. 이를 해결하려면 가정 예산을 잘 세우는 것이 중요해요.

● 가정 예산의 기본 원칙:

1. 수입과 지출을 정확히 파악하기

   → 한 달에 얼마를 벌고, 어디에 돈이 쓰이는지 기록하기

2. 고정 지출 vs. 변동 지출 구분하기

   → 고정 지출: 매달 꼭 나가는 돈

   예: 월세, 학원비, 대출 상환금, 공과금, 보험료 등

   → 변동 지출: 상황에 따라 달라지는 돈

   예: 식비류, 옷 구매, 용돈, 여가활동, 취미활동 등

3. 저축과 긴급자금(비상금) 마련하기

   → 갑작스러운 상황에 대비해 돈을 따로 마련하기

2. 대출과 이자, 그리고 부채의 위험

부모님이 대출을 받으신 이유는 사업을 더 크게 키우기 위해서였지만, 계획대로 되지 않으면 큰 빚으로 남을 수 있어요.

경제지식 한 스푼

● **특히, 대출을 받을 때 고려해야 할 점:**

1. 이자가 붙는다.

   → 빌린 돈을 갚을 때, 빌린 금액보다 더 많은 돈을 내야 함.

2. 원금과 이자 상환 계획이 있어야 한다.

   → 대출을 받을 땐 어떻게 갚을지 미리 생각해야 함.

3. 무리한 대출은 위험하다.

   → 대출이 많아질수록 갚기 어려워지고, 가정 경제가 어려워질 수 있음.

Q 퀴즈 1.

"고정 지출"은 매달 반드시 지출되는 항목을 말한다. (O / X)
예: 월세, 학원비, 공과금 등

A. O (고정 지출은 매달 고정적으로 빠져나가는 돈이에요. 예산을 짤 때 가장 먼저 고려해야 하는 항목입니다.)

Q 퀴즈 2.

대출을 받으면 이자가 붙기 때문에, 갚을 때는 빌린 돈보다 더 많은 금액을 갚아야 한다. (O / X)

A. O (대출은 돈을 빌리는 대신 이자를 지불해야 해요. 이자율이 높거나 상환 계획이 없으면 가정 경제에 큰 부담이 될 수 있어요.)

돈에 대한 궁금증,
해답을 찾아 나서다

처음 접한 아르바이트, 어머니의 눈물

현실을 똑바로 마주해야 했다. 우리 집은 망해가고 있고, 나는 이제 더이상 용돈을 기대할 수 없으며, 현지수와 영화 보며 햄버거 먹는 꿈같은 데이트는 물거품이 될 위기에 놓였다.

머릿속이 엉망진창이었다. 나름 경제학과 진학을 꿈꾸며 돈 공부를 해왔다고 자부했는데, 정작 내 코앞에 닥친 현실은 캄캄하기만 했다. 도대체 어른들은 어떻게 돈을 관리하는 걸까? 뼈 빠지게 일해서 번 돈을 다 어디다 쓰는 걸까? 왜, 어떻게, 빚더미에 올라앉게 된 걸까?

"젠장, 책에서 배운 경제는 다 뻥이었어!"

분노와 절망이 뒤섞인 감정이 끓어올랐다. 하지만 마냥 좌절하고 있을 수만은 없었다. 더 이상 부모님만 바라보고 있을 때가 아니었다. 내 힘으로 돈을 벌고, 내 미래를 책임져야 했다.

"나는 절대로 엄마 아빠처럼 살지 않을 거야! 뼈 빠지게 일만 하다가 빚에 짓눌려 사는 인생은 절대 안 돼!"

제경은 이를 악물었다. 짝사랑하는 현지수에게 대학 졸업하자마자 냅다 청혼하겠다는 야심찬 계획은 이미 산산조각이 났다. 지금은 당장 눈앞에 닥친 현실부터 해결해야 했다.

"젠장, 우선 빚부터 갚아야 하는 건가? 대학은 무슨, 취직부터 해야 하나?"

별의별 생각이 머릿속을 스쳐 지나갔다. 하지만 포기할 수 없었다. 지금 상황이 힘들다고, 현지수와의 약속을 깨뜨릴 수는 없었다.

"그래, 돈을 벌어야 해! 당장 4주 안에 데이트 비용을 마련해야 한다!"

제경은 결연한 눈빛으로 주먹을 불끈 쥐었다. 하지만 막상 뭘 해야 할지 막막했다. 학생 신분으로 할 수 있는 일은 뻔했다. 편의점, 햄버거 가게, 고깃집 알바… 쥐꼬리만 한 알바비로 데이트 비용을 마련하기에는 턱없이 부족했다.

'그래도 어쩔 수 없어! 닥치는 대로 뭐든 해야 해!'

제경은 용기를 내어 집 근처 편의점들을 샅샅이 뒤지기 시작했다. 하지만 현실은 생각보다 냉혹했다. "미성년자는 안 뽑아요.", "경력 없이는 힘들어요." 아홉 군데나 허탕을 치고 나서야, 겨우 한 곳에서 아르바이트 자리를 구할 수 있었다.

"사장님, 저 진짜 열심히 할 수 있습니다! 제발 저 좀 써주세요!"

다리를 다쳐 불편한 사장님은 딱한 표정으로 제경을 바라보았다.

"주말 저녁 시간대는 손님이 많아서 힘들 텐데… 괜찮겠어?"

"네! 괜찮습니다! 뭐든 시켜만 주세요!"

그렇게 제경은 주말 8시간, 편의점 아르바이트생이 되었다. 시급은 최저임금. 쥐꼬리만 한 돈이지만, 제경에게는 간절한 희망이었다.

집에 돌아온 제경은 떨리는 목소리로 부모님께 아르바이트를 시작했다고 고백했다.

"엄마, 저 편의점 알바 구했어요! 이제 용돈 안 주셔도 돼요!"

어머니는 깜짝 놀라며 반대했다.

"안 돼! 공부해야 할 애가 무슨 아르바이트야! 당장 그만둬!"

제경은 눈물을 글썽이며 엄마를 설득했다.

"엄마, 저도 이제 돈 벌어서 엄마 아빠 돕고 싶어요. 그리고 지수랑 영화도 보고 햄버거도 먹고 싶어요…"

어머니는 안쓰러운 눈빛으로 제경을 바라보았다.

"엄마, 제발 아빠 좀 설득해 주세요…"

제경은 마지막 희망을 걸고 아버지에게 말씀을 드렸다. 엄청나게 화를 내시며 반대하실 것 같았던 아버지는 의외로 한동안 말씀이 없으셨다.

그러시더니 곧 너무나 의외의 반응을 보이셨다. "방학 기간이니 해봐라. 하지만 방학 끝나고는 안 된다."

"여보!" 엄마가 항의하듯 아버지를 불렀지만, 아버지는 고개를 저을 뿐이었다. 미묘하게 아버지의 표정에서 어떤 복잡한 감정이 스쳐 지나가는 것 같았다. 근심, 미안함, 그리고… 안도감? 그 의미가 유추되면서 아버지의 유난히 처진 어깨와 겹쳐 보였다. 그랬다. 아버지는… 힘드셨던 거다.

"휴우, 이제 내가 아버지께 힘이 되어 드려야 할 수도 있겠네…"

갑자기 어깨가 무거워지는 기분이었다. 16년 동안 철없이 용돈만 받아 쓰던 꼬맹이가, 이제 가장의 짐을 조금이나마 나눠져야 할 순간이 온 것이다.

처음 해보는 아르바이트는 실수의 연속이었다. 박스를 옮기거나 쌓는 것도 요령이 필요한 일이었다. 바코드 찍는 것도 버벅거리고, 계산도 자꾸 틀렸다. "죄송합니다!" 입에 달고 살았다. 몸으로 하는 일이 이렇게 힘든 건지 처음 느껴본 것 같다. 뼈마디가 쑤시고, 온몸이 뻐근했다. 새삼 하루 12시간이 넘게 고된 노동에 시달리는 부모님이 존경스럽게 느껴졌다.

'진짜 대단하시네… 나는 고작 4시간 했는데도 이렇게 힘든데…'

시간이 정신없이 흘러 어느덧 3주가 되었다. 사장님께 조심스럽게 상황 설명을 해드리고 3주 치의 아르바이트비를 요청드렸다. 사장님은 흔쾌히 돈을 내어 주시면서 격려의 말씀을 아끼지 않으셨다.

정확히 최저임금으로 계산된 240,720원이 내 손에 쥐어졌다. 꼬깃꼬깃한 지폐를 쥔 손이 땀으로 축축했다. 태어나서 내 힘으로 처음 벌어본 돈. 20만 원이 넘는 거금이 이렇게 가치 있는 돈인 줄, 전에는 미처 몰랐다. 돈을 손에 쥐고 있는데도 얼떨떨하고 비현실적인 기분이었다.

'이 돈으로 뭘 해야 하지? 지수랑 영화 보고 햄버거 먹을까? 아니야, 그

건 나중 문제야…'

　가장 먼저 떠오른 건 그동안 맘고생이 심하셨을 부모님이었다. 조금이라도 덜어 드려야겠단 생각에, 필요한 옷을 살 돈과 지수와의 데이트에 쓸 돈, 그리고 약간의 용돈을 남기고 5만 원을 봉투에 담았다.

　집에 돌아와 조심스럽게 봉투를 내밀었다.

　"엄마, 이거 받으세요…"

　엄마는 봉투를 보자마자 눈물을 글썽였다.

　"이게 뭐야…?"

　"저 아르바이트해서 번 돈이에요. 비록 얼마 안 되지만, 보태 쓰세요…"

　엄마는 손사래를 치며 봉투를 밀어냈다.

　"안 돼… 안 돼… 네가 힘들게 번 돈인데, 어떻게 내가 받아…"

　"집안 사정이 이런 줄도 모르고 그동안 너무 죄송했어요 엄마. 저도 이제 엄마 아빠께 힘이 되는 아들이 되고 싶어요."

　엄마는 결국 눈물을 터뜨렸다.

　"미안해… 미안해, 제경아…"

　어머니는 하염없이 눈물을 쏟아내셨다. "공부해야 할 너에게 이런 험한 일까지 시켜서 정말 미안해…"

어머니의 눈물은 가슴에 박힌 가시처럼 아팠다. 제경은 울먹이는 엄마의 손을 잡고 애써 웃어 보였다. "괜찮아요, 엄마. 저도 이제 어른인데, 이 정도는 할 수 있어요."

그때, 아버지는 묵묵히 저녁 식사를 하고 계셨다. 평소 같으면 넉살 좋게 농담도 건네고, 아들의 어깨를 토닥여줬을 텐데, 오늘은 아무 말씀도 없으셨다. 그저 묵묵히, 앞에 놓인 반주 잔만 들이키실 뿐이었다. 씁쓸한 표정으로.

아버지는 눈물을 보이지 않으셨다. 하지만 그런 아버지를 바라보는 제경의 마음은 찢어지는 듯 아팠다. 아버지의 굳게 다문 입술, 깊게 파인 주름, 그리고 무겁게 드리워진 어깨… 그 모든 것이 아버지의 슬픔을 말해주는 것 같았다.

'아빠도… 힘드시구나… 나 때문에 더 힘드신 거구나…'

제경은 죄책감에 고개를 숙였다. 자신이 뭐라고, 겨우 용돈 몇 푼 벌겠다고 부모님의 마음을 이렇게 아프게 하는 걸까.

그날 밤, 제경은 쉽게 잠들 수 없었다. 아르바이트를 하면서 겪었던 육체적인 고통보다, 부모님의 슬픔을 마주하는 것이 더 힘들었다.

마음만큼 무거웠던 지수와의 첫 데이트

지수가 미국에서 돌아왔다며 연락을 해왔다, 뛸 듯이 기뻐야 할 텐데, 이상하게 마음 한구석이 찜찜했다. 아르바이트로 겨우 마련한 돈으로, 지수를 재미있게 해줄 수 있을까? 혹시 초라한 모습에 실망하면 어쩌지?

영화관, 햄버거 가게, 뻔한 코스였지만, 지수는 연신 싱글벙글이었다. 미국에서 있었던 재미있는 이야기들을 쉴 새 없이 쏟아냈다. 하지만 제경은 좀처럼 웃을 수 없었다. 속으로는 '이 돈으로 뭘 해야 잘했다고 소문이 날까?', '혹시 비싼 거 시키면 어떡하지?', '우리 집은 이제 정말 큰일 난 걸까?' 온통 돈 걱정뿐이었다.

'미안해, 지수야… 나는 지금 웃을 자격도 없어. 너는 신나게 여행 다녀왔는데, 나는 겨우 편의점 아르바이트나 뛰고… 젠장, 왜 이렇게 비참한 걸까.'

현지수에게 멋진 모습만 보여주고 싶었지만, 마음처럼 쉽지 않았다. 억지로 웃으려 할수록 죄책감만 더해갔다. 그렇게 제경의 첫 데이트는, 설렘보다는 무거운 짐을 짊어진 듯 씁쓸한 기억으로 남았다.

Chapter 1-3: 돈에 대한 궁금증, 해답을 찾아 나서다

1. 청소년도 돈을 벌 수 있을까? (아르바이트와 소득)

● 청소년 근로기준법

우리나라에서는 만 15세 이상 청소년은 부모님의 허락과 근로계약서를 통해 합법적으로 아르바이트를 할 수 있어요. 하루 7시간, 주 35시간을 넘지 않게 일해야 하고, 밤 10시 이후에는 일할 수 없어요. 미성년자의 근로는 법적으로 보호받아야 해요. (규제「근로기준법」제69조)

『근로가 가능한 최저 연령 및 취직인허증

15세 미만인 청소년과「초·중등교육법」에 따라 중학교에 재학 중인 18세 미만의 청소년은 일할 수 없습니다. (규제「근로기준법」 제64조제1항).

"다만, 13세 이상 15세 미만인 청소년으로서 고용노동부 장관이 발급한 취직인허증을 받은 청소년은 일할 수 있으며, 예술 공연 참가를 위한 경우에는 13세 미만인 사람도 취직인허증을 받을 수 있습니다(규제「근로기준법」 제64조 제1항 단서 및 규제「근로기준법 시행령」 제35조 제1항)."

※ "취직인허증"이란 취직이 금지되어 있는 15세 미만의 청소년에 대해 고용노동부 장관이 취직을 인정하고 허가해 주는 증명서를 말합니다.

*** 연소자 증명서의 비치

사용자는 18세 미만인 청소년을 고용하는 경우에는 그 연령을 증명하는 가족관계 기록사항에 관한 증명서와 친권자 또는 후견인의 동의서를 사업장에 갖추어야 합니다. (규제「근로기준법」 제66조).

사용자가 연소자 증명서를 갖추지 않고 18세 미만의 청소년을 고용한 경우에는 500만 원 이하의 과태료가 부과됩니다(「근로기준법」 제116조 제2항 제2호)

● **아르바이트를 할 때 반드시 알아야 할 점:**

1. 최저임금 확인하기

→ 일한 만큼 정당한 임금 받기.

2. 계약서 작성하기

→ 급여 지급 방식, 근무 시간, 근무 조건 등 정하기.

3. 근로 기준법

→ 청소년은 야간 근무나 위험한 일을 하지 않아요.

★ **Part1. 깜짝미션!**

미션 1. 내가 처음으로 번 돈을 어떻게 사용할지 계획을 세워보고, 그 이유를 설명해 보세요!

PART 2

전설의 선배,
멘토가 되어주다

청소년 부자,
박민재 선배와의 만남

지수의 깜짝 제안, "박민재 선배를 만나 봐!"

2학기가 시작되고, 학교는 고등학교 진로 상담으로 떠들썩했다. 친구들은 저마다 꿈을 이야기했지만, 세경은 점점 더 현실의 무게에 짓눌리는 기분이었다.

아르바이트로 모아둔 돈은 바닥을 향해 곤두박질치고 있었다. 다시 알바를 하고 싶었지만, 부모님은 학기 중에는 절대 안 된다며 칼같이 선을 그으셨다. 다음 주면 당장 용돈이 끊기는데, 차마 입이 떨어지지 않았다.

지수는 똑똑한 만큼 눈치도 빨랐다. 방학 이후, 좀처럼 웃지 않는 제경에게 무슨 일이 생겼음을 직감한 듯했다. 며칠을 피해 다녔지만, 결국 독서실에서 붙잡히고 말았다.

"야, 한제경! 너 요즘 왜 이렇게 우울해? 혹시 나한테 뭐 숨기는 거 있어?"

지수의 날카로운 질문에, 제경은 당황하며 시선을 피했다. 최대한 둘러대려고 했지만, 왠지 모르게 솔직하게 털어놓고 싶었다.

"아, 아니… 그런 거 없어. 그냥 요즘 진로 고민 때문에 좀 심란해서…"

"진로? 너 경제학과 간다고 벼르고 있었잖아. 갑자기 왜 그래?"

"그게… 경제학과에 가려면 돈에 대해 잘 알아야 하잖아. 근데 나는 돈에 대해 아는 게 하나도 없어. 돈을 벌어본 적도 없고, 어떻게 관리해야 하는지도 모르겠고… 미성년자라서 물어볼 곳도 없고, 답답해 죽겠어."

제경은 최대한 돌려서 이야기했지만, 지수는 날카로운 눈빛으로 제경을 쏘아봤다. 언제나 수다스럽던 지수는, 웬일인지 제경의 이야기를 묵묵히 듣고만 있었다.

이틀 후, 하교를 하고 독서실로 향하는 중 지수가 따라왔다.

"뭐냐 너도 바로 독서실 가냐?"

"응"

"…"

터벅터벅 걸어가고 있는데 지수가 이야기를 꺼냈다.

"야 너 박민재 선배라고 알아? 그 왜 자기 힘으로 대한고 등록금 내고 갔다는 우리 학교 선배말이야."

박민재… 그렇다. 들어본 적이 있는 선배다.

'우리 학교 출신으론 처음으로 우리나라 최고 명문 자사고인 대한고에 진학했고 엄청난 두뇌에 재력까지 갖췄다고 하는 전설처럼 내려오는 그 선배. 지금 고3인 민재선배가 유명했던 건 사실 공부도 공부였지만 대한 고의 엄청난 학비를 '자기 돈'으로 내고 갔다는 사실 때문이다. 초등학교 때부터 이미 몇백만 원의 자기 돈이 있었고 그 돈을 불려서 대한 고를 자 기 힘으로 갔고 지금은 해외 대학을 목표로 공부하고 있는 정말 우리 학 교 출신으로 가장 유명한 선배 중에 하나다. 작년 우리 학교에 선생님의 요청으로 후배격려 차원에서 진학 멘토링을 하러 한 번 왔었다고 했다. 하… 그때 나도 가서 들을 걸 아… 내가 인생이 기회를 한 번 놓쳤었던 거 구나… 그때 가서 얼굴이라도 익혀 놨다면…'

"응. 들어봤어, 그런데 왜?"

"그 선배를 한번 만나보면 너한테 도움이 좀 될 거 같은데? 그냥 그렇 다고."

선배의 존재를 알려주고 지수는 쌩하니 먼저 갔다. 처음엔 왜 내게 지 수가 그 선배 이야기를 꺼냈는지 갸우뚱했는데 역시 현지수였다. 내가 돈 때문에 고민하는 걸 눈치채고 알려준 것이다.

'대체 이 선배를 어떻게 만난다? 끈이라고는 같은 중학교 후배라는 거 밖에는 없는데…'

또다시 고민의 시간이 흘렀다. 주변의 모든 루트를 다 뒤져 봐도 민재 선배와 연이 닿는 사람이 없었다. 요 며칠 이 고민 탓에 그런가? 밥도 잘 안 넘어가고 공부도 머리에 도통 들어오질 않았다. 안 그래도 마른 얼굴 이 더 반쪽이 되었다.

하교 후 독서실로 향하는 발걸음은 천근만근이었다. 돈 걱정에, 어떻게 민재 선배를 만날지 고민하느라 밤잠을 설친 탓이었다. 그때, 뒤에서 익숙 한 목소리가 들려왔다.

"야! 한제경! 너 그 선배랑은 연락됐어?"

"아니…연락할 방법이 없네, 주변에 아는 사람도 없고"

"그랬구나. 그런데 너 좀 이상하다. 정말 그 진로 문제뿐인 거야?"

"어? 어엉…"

갑자기 훅 들어온 송곳 같은 질문에 나도 모르게 말을 더듬고 말았다.

"거짓말! 너 분명히 무슨 일 있지? 말 안 하면 삐진다!"

"휴… 사실은…"

제경은 현지수에게 그동안 끙끙 앓았던 고민을 털어놓았다. 집안 사정이 어려워진 이야기, 용돈이 끊긴 이야기, 그리고 민재 선배에게 도움을 받고 싶은데 잘 안 돼서 속상한 마음까지. 자존심을 챙기기엔 몸과 마음이 너무나 지친 느낌이었다.

"짐작은 했었는데… 너 진짜 일이 많았구나. 힘들 만하다. 그리고 미안. 나도 민재 선배는 직접 만난 적은 없어. 그냥 소문만 많이 들었지. 그냥 도움이 될까 싶어서 알려준 건데 오히려 더 고민하게 만들었네. 하지만, 너무 실망하지 마. 나도 어떻게든 방법을 찾아볼게."

지수는 제경의 어깨를 톡톡 두드려주며 환하게 웃었다.

"현지수… 고맙다."

안 그래도 무거운 마음이 더 무거워진 기분이었다. 짝사랑에게 이런 하소연이나 하고 있다니… 그나저나 늘 갈구는 것만 같으면서도 언제나 곁에서 힘이 되어주는 현지수. 정말 든든하고 고마운 친구였다.

그날 밤, 제경은 잠자리에 누워서도 민재 선배를 어떻게 만날 것인가에 대한 생각으로 잠이 오질 않았다.

전설과의 연결, 꿈을 향한 희망을 품다

며칠 뒤, 갱신 날짜가 코앞으로 다가온 독서실 책상에 앉아 끙끙거리고 있었다. 도무지 집중이 되지 않았다. 며칠째 잠도 제대로 못 자고 밥맛도 없어서, 안 그래도 핼쑥한 얼굴은 더욱 초췌해졌다.

그때, 익숙한 목소리가 들려왔다.

"야! 한제경! 너 완전 넋 나갔네? 며칠 굶은 애처럼 퀭해."

돌아보니, 현지수가 걱정스러운 얼굴로 서 있었다.

"어… 그냥… 좀 피곤해서."

"어휴, 너 나한테도 뻥치냐? 척하면 척이지! 말 안 해도 다 안다!!"

"사실… 그 박민재 선배 말인데… 아무래도 만나는 건 무리일 거 같아."

현지수는 잠시 생각에 잠기더니, 눈을 반짝이며 말했다.

"선생님께 말씀드려서 진로 멘토링을 부탁드려보는 건 어때? 네가 경제학과에 관심이 있다고 하면, 선생님도 흔쾌히 도와주실 거야."

"진짜? 선생님이 과연…"

"당연하지! 너 1학년 때부터 얼마나 경제학과 노래를 불렀는데. 게다가 네 성적도 많이 올랐잖아. 이번 기회에 제대로 어필해 보는 거야!"

"현지수… 역시 너밖에 없다!"

제경은 감동에 벅차올랐다. 현지수는 늘 이런 식이었다. 고민을 털어 놓기만하면, 뿅 하고 해결책을 제시해 주는 마법사 같았다.

다음날 1교시가 마치자마자 제경은 교무실로 달려가 선생님께 진지하게 선배 진로 멘토링에 대해서 요청을 드렸다. 박민재선배를 콕 집어서 말이다. 당황하신 선생님의 표정이란…'아니 이 녀석이 민재를 어떻게 알지?' 하시는 표정이셨다. 하지만 제경의 사뭇 진지한 표정을 보시고는 알아봐주시겠다고 하셨다.

다행히 며칠 뒤, 담임 선생님께서 나를 호출하셨다.

"제경아, 그 박민재 선배 말인데… 연락이 닿았다!"

선생님의 얼굴에는 당황스러움과 함께, 어딘가 모를 뿌듯함이 섞여 있었다.

"정말요? 정말로요?"

제경은 믿기지 않는다는 표정으로 되물었다.

"응, 내가 네 이야기를 했더니, 흔쾌히 만나주겠다고 하더라. 다만, 공식적으로 학교에 와서 멘토링을 해주는 건 시간이 안 된다고 해서, 개인적으로 한 번 보자고 하더라."

오 마이 갓!!! 제경은 하마터면 소리를 지를 뻔했다.

'드디어… 드디어 그 전설의 선배를 만나는구나!'

사실 박민재 선배는, 나중에 듣고 보니 내 생각보다도 더 어마어마한 인물이었다. 공부는 말할 것도 없고, 얼굴도 아이돌급에 심지어 키까지 크다는 이야기가… 젠장, 정말이지 불공평한 세상이다.

우리 학교 여학생들의 소원이, 그 선배 옆에 한 번이라도 서 보는 것이라는 이야기가 있을 정도였으니 말 다 했지. 그런 선배를, 그것도 1대 1로 만날 수 있다니! 같은 남자인데도 심장이 두근거렸다.

며칠 후, 제경은 핸드폰을 손에 쥔 채 안절부절못하고 있었다. 뚜르르, 뚜르르… 몇 번이고 통화 버튼을 눌렀다 떼었다. 심장이 쿵쾅거려서 손에 땀이 흥건했다.

'젠장, 대체 뭐라고 말을 해야 하는 거지? 첫마디부터 어버버 하면 어떡하지? 혹시 나를 이상하게 생각하면 어쩌지?'

수십 번을 망설인 끝에, 제경은 용기를 내어 통화 버튼을 눌렀다. 뚜우… 뚜우… 귓가에 울리는 신호음은 심장을 더욱 조여왔다.

"여보세요?"

드디어, 박민재 선배의 목소리가 들려왔다. 낮고 차분한 목소리였지만, 왠지 모르게 카리스마가 느껴졌다.

"아, 아… 안녕하세요! 저는 한국중학교 3학년 한제경이라고 합니다! 담임선생님 이백점 선생님의 소개로 연락드렸습니다, 선배님!"

제경은 너무 긴장한 탓에, 마치 군대에서 보고하는 것처럼 딱딱하게 말했다.

"아, 그 친구구나. 그래, 이야기는 들었다. 나를 한번 보고 싶다고?"

"네! 실례가 안 된다면, 진로와 관련해서 여쭤보고 싶은 게 있어서요…"

"그래, 그런데 내가 지금 기숙사에 있어서 주말에만 외출이 가능해. 이번 주 토요일에 집에 가니까, 그때 보자. 시간과 장소는 내가 문자로 보내줄게."

"아, 네! 선배님, 정말 감사합니다! 그럼 토요일에 뵙겠습니다!"

제경은 엉겁결에 전화를 끊어버렸다. 핸드폰을 손에서 놓자, 그제야 긴장이 풀리는 듯 다리에 힘이 풀렸다.

'휴… 드디어 통화했다! 하지만 대체 무슨 말을 한 건지도 기억이 안나… 젠장, 너무 떨었어!'

제경은 침대에 털썩 주저앉았다. 하… 드디어 내가 그 전설의 선배를 만나는구나…… 내가 내가… 박민재 선배를 야호~!!!

경제지식 한 스푼

Chapter 2-1: 청소년 부자, 박민재 선배와의 만남

1. 청소년 경제 멘토의 중요성

경제 멘토는 실제 경험을 바탕으로 올바른 돈 관리법과 투자 습관을 가르쳐 줄 수 있어요. 청소년 시기에 좋은 멘토를 만나면 실질적인 경제적 지식을 얻을 수 있고, 올바른 경제관념과 목표를 설정하는 데 큰 도움이 됩니다.

2. 경제학과를 꿈꾼다면 꼭 알아야 할 '금융 지식'

경제학과에 가기 위해서는 단순히 수학을 잘하는 것뿐만 아니라, '금융 리터러시'(금융을 읽고 이해하는 능력)가 필요해요. 경제학과에서는 돈의 흐름, 투자, 시장 원리, 기업 운영 등에 대해 배우는데, 기본적으로 '돈이 어떻게 움직이는지'를 이해해야 해요.

금융리터러시란?

개인이 돈을 벌고, 쓰고, 저축하고, 투자하는 데 필요한 기본적인 금융지식과 기술을 가지고, 이를 효과적으로 활용하여 현명한 금융 의사결정을 할 수 있는 능력을 의미합니다.

*Literacy리터러시 뜻 : 문해력. 문자로 된 기록을 읽고, 거기 담긴 정보를 이해하는 능력.

감춰왔던 속마음,
솔직하게 털어놓다.

눈치 만렙, 잘생 선배, 자존심을 내려놓다

바짝 긴장한 마음으로 약속 장소에 30분이나 일찍 나가 있었다. 카페 창가에 앉아, 혹시라도 선배가 오지 않을까 연신 밖을 두리번거렸다. 시간이 다가오자, 심장이 쿵, 쿵, 쿵! 귓가에 울릴 정도로 격렬하게 뛰어댔다.

'젠장, 왜 이렇게 떨리는 거야! 면접 보러 온 것도 아닌데! 침착해, 한제경! 숨 크게 쉬고!'

정확히 약속 시간이 되자, 카페 문이 열렸다. 그리고 정말 만화 속에서나 튀어나온 듯한 완벽한 비주얼의 남자가 카페 안으로 들어섰다.

바로 박민재 선배였다. 뽀얀 피부에 날카로운 턱선, 오똑한 콧날, 젠장, 키도 엄청 크잖아! 저절로 감탄사가 터져 나왔다.

그 순간, 제경의 머릿속에 든 생각은 단 하나였다. '지수가 저 형을 보면 안 된다!'

'아, 젠장! 현지수가 저 형을 보면 분명히 반할 거야! 안 돼, 절대로 안 돼! 저 형은 너무 완벽해! 다 가졌잖아! 현지수는 내 건데!'

남자인 자신이 봐도, 박재민 선배는 눈이 부시게 빛나는 존재였다. 저건 인간이 아니라 조각상이야, 조각상! 저 완벽한 비율 하며, 은은하게 풍기는 아우라까지… 정말 아이돌 연예인을 보면 이런 기분이겠구나 싶었다. 젠장, 역시 인생은 불공평해! 저 외모에, 저 키에, 저 학벌에… 재력까지 갖췄다니, 너무하잖아! 다시 태어나면 나도 저렇게 될 수 있을까? 아니, 안 될 거야….

질투와 자괴감이 뒤섞인 멍청한 생각들이 머릿속을 맴돌았다. 한 마디로 박재민 선배는, 다 가진 자의 표상이었다.

'아, 내가 이러고 있을 때가 아니지! 정신 차려, 한제경! 지금 중요한 건 그게 아니잖아!'

겨우 정신을 차려보니, 재민 선배가 이미 제 앞에 서 있었다. 젠장, 또 넋 놓고 있었네!

"아, 아, 아, 안녕하세요! 선배님, 저, 저, 한제경이라고 합니다! 귀한 시간 내주셔서 정말 감사드립니다!"

제경은 90도로 허리를 숙여 깍듯하게 인사했다. 너무 긴장한 탓에, 발음은 꼬이고 목소리는 덜덜 떨렸다. 젠장, 왜 이렇게 폼이 안 나!

재민 선배는 편안하게 웃으며 제경의 어깨를 툭 쳤다.

"그래, 반갑다 나도. 편하게 형이라고 불러."

민재 선배는 편하게 내 어깨를 툭! 하고 한 번 치더니 자리에 앉았다. 그리고 시원한 음료수를 시켰다. 내가 너무 긴장한 티가 났는지 선배는 내게 음료수부터 마시라고 친절하게 말을 해주었다. 너무 떨려서 나는 선배 얼굴을 제대로 볼 수가 없었다.

내가 목을 좀 축이고 나서였을까? 민재 선배가 먼저 이야기를 꺼냈다.

"그래, 내게 멘토링을 받고 싶다고? 어떤 부분이 궁금하니?"

민재 선배의 부드러운 미소에, 겨우 정신을 차렸다. 하지만 막상 입을 떼려니, 머릿속이 하얗게 비워지는 기분이었다.

'아, 왜 이렇게 떨리는 거야! 무슨 말을 해야 하지? 경제학과에 가려면 뭘 해야 하냐고 물어봐야 하나? 아니면 돈 버는 비법을 알려달라고 해야 하나?'

머릿속에서 수만 가지 생각이 뒤엉켰지만, 정작 입 밖으로 나오는 건 웅얼거리는 신음 소리뿐이었다.

"저… 그게… 그러니까…"

제경은 어색하게 웃으며 머뭇거렸다. 담임 선생님께 했던 말을 떠올리며, 겨우 입을 열었다.

"저… 저도 선배님처럼, 금융경제 쪽에 관심이 많습니다. 그래서, 추후 진로를 경제학과 쪽으로 생각하고 있는데… 어떤 준비를 어떻게 하면 좋을지, 멘토링을 받고 싶습니다…"

기어들어가는 목소리로 겨우 대답을 마쳤다. 선배는 잠시 생각에 잠기는 듯하더니, 제경의 눈을 빤히 바라보며 질문했다.

"왜 경제학과니? 어떻게 이쪽 과에 관심이 생기게 된 거야? 계기가 있어?"

"네? 계기요?"

제경은 멍한 표정으로 되물었다. 젠장, 예상치 못한 질문이다!

제경의 머릿속이 하얘졌다. 조금 전까지만 해도 자신만만했던 마음이 순식간에 무너져 내렸다. '젠장, 이런 질문을 할 줄이야…'

심장이 쿵쾅거리며 뛰기 시작했다. 손바닥에 식은땀이 배어났다. 어떻게든 대답하려 머리를 굴려봤지만, 딱히 할 말이 없었다.

사실 경제학과를 선택한 진짜 이유는… 현지수 때문이었다. 지수는 공부를 잘했고, 그런 지수에게 어울리는 남자친구가 되려면 그 정도 과는 되어야겠다고 생각했을 뿐이었다.

'하… 이걸 어떻게 말해? 이런 바보 같은 이유를 들으면 민재 선배가 날 어떻게 생각할까?'

제경은 눈을 깜빡이며 민재 선배의 표정을 살폈다. 하지만 선배의 얼굴에선 아무런 감정도 읽을 수 없었다.

시간이 멈춘 듯했다. 초침 소리가 귓가에 크게 울렸다. 제경은 눈알만 이리저리 굴리며 대답을 망설였다.

그때, 민재 선배가 부드러운 목소리로 말을 이었다.

"뭐 거창한 걸 묻는 게 아냐. 그냥 네가 이 학과를 꼭 집어 물어보니까 궁금해서. 대답하기에 곤란하면 안 해도 돼."

제경은 안도의 한숨을 내쉬었다. 하지만 동시에 자괴감이 밀려왔다.

'난 대체 뭐 하러 여기 온 거지? 이렇게 바보 같은 모습만 보이고…'

민재 선배는 더 이상 질문을 하지 않았다. 그저 평온한 얼굴로 찻잔만 바라보고 있었다.

그 모습을 보며 제경은 문득 생각했다. '이 선배, 멘토링을 많이 해봤나 봐. 이런 상황에 익숙한가?'

시간이 흐르면서 제경의 마음도 조금씩 가라앉기 시작했다.

'그래, 솔직하게 말해보자. 어차피 이런 기회가 또 있을까?'

박민재 선배는 곧 해외 대학으로 진학을 할 거고 그럼 난 두 번 다신 이 전설의 선배와 이렇게 마주할 일이 없을 것이다. 지금이 만나볼 수 있는 마지막 기회일지도 모른다. 생각이 이렇게 정리가 되자 용기가 났다. 그냥 지르자! 솔직하게 자문을 구해 보자.

"실은… 죄송하지만, 저 선배님께 경제학과 이야기는 핑계고… 사실은 돈 버는 방법을 배우고 싶어서 뵙고 싶었습니다."

고백을 뱉어내자, 속이 후련하면서도 불안했다. 민재 선배는 뭐라고 생각할까?

"저희 집이 지금 형편이 너무 안 좋아요. 아버지 사업이 망해서, 이제 용돈도 끊겼어요. 이대로라면 고등학교 진학도 장담할 수 없어요. 그래서, 어떻게든 돈을 벌어야 해요. 그러다 선배님 이야기를 들었어요. 선배님은 어릴 때부터 돈을 잘 벌고 잘 모아서, 스스로 학비까지 마련했다고. 그래서… 염치 불구하고 선배님께 도움을 청하고 싶었습니다. 죄송합니다, 멘토링은 핑계였어요…"

제경은 말을 마치고 고개를 푹 숙였다. 젠장, 쪽팔려! 하지만 후련했다. 더 이상 숨길 것도, 잃을 것도 없었다.

민재 선배는 잠시 굳은 표정으로 제경을 바라봤다. 제경은 숨을 죽이고 선배의 반응을 기다렸다.

"아…"

침묵을 깬 것은, 민재 선배의 나지막한 탄식이었다.

"그런 사정이 있었구나. 괜찮아. 어차피 경제학과에 가려면 돈에 대해 알아야 하는 것도 중요한 문제니까."

제경은 안도하며 고개를 들었다. 민재 선배는 따뜻한 미소를 짓고 있었다.

"그런데, 혹시 괜찮다면… 조금만 더 자세히 이야기해 줄 수 있을까? 왜 갑자기 집안 형편이 어려워진 건지…"

제경은 잠시 망설이다가, 조심스럽게 입을 열었다.

"저희 집은… 아버지께서 식당 체인점을 운영하셨어요. 전국에 체인점도 몇 개나 있을 정도로 꽤 큰 규모였는데, 2년 전부터 갑자기 힘들어지셨대요. 코로나 때문에 손님이 뚝 끊기면서… 대출을 계속 받아서 겨우 버티고 계셨다고… 제가 볼 때는 그래도 손님이 조금씩은 있어서, 그렇게 심각한 줄은 전혀 몰랐어요.

그러다 제가 1학년 때부터, 용돈이 들쭉날쭉해지기 시작했어요. 작년엔 겨우 몇 번 밖에 못 받고… 그래서 엄마한테 화를 냈더니, 그제야 모든 사실을 털어놓으셨어요."

제경은 잠시 숨을 고르고, 말을 이었다.

"지금도 상황은 여전히 안 좋아요. 조만간 남은 체인점마저 내놓아야 할지도 모른다고… 엄마는 너무 힘들어하시고, 아빠는 아무 말씀도 안 하시고…."

"그랬구나…"

흠… 선배의 얼굴이 많이 무거워 보였다. 말을 하고 보니 내가 꺼낸 주제가 정말 쉽지 않은 주제란 생각이 들었다. 요점을 분명히 전달해야 할 거 같아 정리해서 얘기를 했다.

"다른 무엇보다 제가 답답했던 건 어머니 아버지는 매일 일을 하러 나가셨고 손님들이 늘 계셨다는 거예요. 돈을 항상 벌고 계셨는데 어떻게 저한테 몇 만 원의 용돈을 줄 형편도 안 된다는 건지 솔직히 이게 이해가 안 가더라고요.

엄마 아버지는 장사가 잘 되셔서 돈도 정말 많이 버셨다고 하셨어요. 그래서 여쭤 봤어요. 그때 버신 그 많은 돈들은 다 어떻게 된 거냐고요. 그랬더니 엄마께서 말씀하시길 가게를 키우고 우리를 키우고 살림을 하는 데 다 들어갔다고 얘기를 하셨어요. 어디가 어떻게 썼는지는 구체적으로는 모르겠다고 하셨어요.

답답해서 다시 물었어요. 그러면 우리 집은 한 달에 얼마를 벌어서 얼마를 쓰길래 제 용돈 5만 원 10만 원도 줄 여유가 없는 거냐고요. 정말 그 정도 여유도 없는 건지 확인하고 싶어서 였어요. 그런데 엄마가 말씀 하시더라고요. 정확히 한 달에 얼마를 벌고 어디에 얼마를 쓰는지 구체적으로는 모르겠다고요.

아버지와 관리를 함께 하시기 때문에 엄마도 다는 모른다고 하셨어요.

근데 저는 이 부분도 이해가 안 가요 어떻게 내가 얼마를 벌고 얼마를 쓰는지를 모를 수가 있죠? 어른들인데요. 어머니한테 더 이상 따져 묻는 건 의미가 없다 싶었습니다. 그러면서 정신이 바짝 들었어요. 저희 엄마 아버지는 정말 열심히 사시는 분들이셨는데 아무리 열심히 살아도 저렇게 될 수밖에 없는 게 인생이라면 전 애초에 저렇게 되지 않아야겠다고요.

그리고 사실 제가 이렇게 초조해진 데는 반 친구 때문이기도 했어요. 제가 반에 좋아하는 친구가 한 명 있어요 그 친구에게 시험이 끝나면 영화를 보여주기로 약속을 했었어요. 제가 그 친구에게 신세 진 게 있었거든요. 저한테는 너무 소중한 첫 데이트인데 그걸 앞두고 어머니가 용돈을 주지 못 하신다고 하니 화도 나고 마음이 엄청 급해지더라고요.

그래서 닥치는 대로 편의점 아르바이트를 했어요. 그래서 처음으로 직접 돈을 벌어 보기도 했어요. 그 돈으로 필요한 것들도 사고 그 친구도 만났고, 힘드신 부모님께 조금이라도 도움이 되고 싶어 5만 원은 부모님께 드렸어요. 그런데 조금 있으면 그 용돈도 곧 떨어질 거 같아요.

부모님은 어떻게든 제 용돈은 줄 테니 학기 중에는 아르바이트는 하지 말고 공부에만 집중하라고 그러세요. 그런데 맘이 편치가 않아요. 어떻게 하면 제 적은 용돈으로도 돈을 모으고 불릴 수 있는지, 그런 용돈을 관리하는 방법들이 너무 궁금해졌어요. 이상이에요.”

“이 형이 하라는 대로 해볼래?”

있는 그대로 말을 하고 나니 속이 다 시원했다. 이제는 선배에게 달렸다. 내게 방법을 알려줄지 안 알려줄지는 모르겠지만 누군가에게 이렇게 말이라도 하고 나니 답답 속이 좀 뚫리는 기분이었다. 민재 선배는 속으로 뭔가를 골똘히 생각하는 듯이 보였다. 몇 분간의 침묵의 시간이 흐르고 민재 선배가 말문을 열었다.

“그래, 내가 너였어도 많이 답답했을 것 같다. 모르던 집안 형편을 갑자기 안 것도, 좋아하는 친구와의 약속을 앞두고 또 그런 일이 생긴 것도, 나 같아도 화가 많이 났을 거 같아. 말하기 어려웠을 텐데 솔직하게 얘기해줘서 고맙다.”

순간 민재 선배의 음성이 꼭 무슨 영화 대사의 한 장면처럼 내 귓가를 스치는 것 같았다. 어떻게 이렇게 따뜻하게 말을 해줄 수가 있지? 같은 남자인 내가 봐도 이 형은 멋진 형 같았다. 아… 그래도 지수는 만나면 안 된다… 절대로!

선배가 이야기했다

“제경아, 사실 나도 중학교 때 용돈이 끊겼던 적이 있었어, 그때 내가 처음으로 한 일이 바로 간단하게 가계부를 적는 거였어. 하루에 100원이라도 지출을 기록하다 보니, 돈이 어디로 빠져나가는지, 어떻게 막아내야 하는지가 명확해지더라고.”

“아... 형도…”

“응, 그래서 말인데 너 이, 형이 하란 대로 한번 해볼래? 내가 너의 그 궁금증을 백 프로 해결해 줄 수는 없겠지만 어느 정도는 도와줄 수 있을 거 같아.”

“아 정말요? 당연하죠 선배님, 고맙습니다. 정말 고맙습니다.”

나는 연신 고개를 꾸벅거렸다.

“그럼 나도 준비가 좀 필요하니까 우리 내일 여기서 다시 만날까?”

“네? 내일 또요?”

“응 내가 너한테 줘야 할 것이 있거든. 나 내일은 기숙사로 들어가 봐야 하니까 우리 오전에 좀 일찍 만나자. 9시 괜찮지?”

"네 그럼요. 9시 전에 와 있겠습니다."

"그래 그럼 내일 보자. 한제경."

선배는 그렇게 쿨하게 일어서서 돌아갔다.

가는 모습도 cf의 한 장면 같다…. 하….

카페 안으로 한 줄기 햇살이 쏟아져 들어오고 있었다. 내 인생에 드리워지는 햇살을 맞는 기분이었다.

Chapter 2-2: 감춰왔던 속마음, 솔직하게 털어놓다

1. 솔직한 경제 대화의 중요성

경제 문제는 혼자 고민하기보다는 믿을 수 있는 사람과 솔직히 이야기하고 도움을 받는 것이 중요해요. 경제적 어려움이나 돈 관리에 대해 솔직하게 대화하면 현실적인 조언과 해결책을 얻을 수 있어요.

2. '돈을 다루는 법'을 익혀야 하는 이유

돈을 많이 버는 것보다 중요한 것은 '돈을 다루는 능력'이에요.

아무리 큰돈을 벌어도, 무분별한 소비를 하며 돈을 잘 관리하지 못하면 쉽게 사라져요.

돈을 다루는 능력에는 저축, 투자, 신용관리, 지출 통제 등이 포함돼요.

로또 당첨자가 대부분 몇 년 내에 돈을 다 써버리는 이유도, 돈을 다루는 능력이 부족하기 때문이에요. 반대로 성공한 부자들은 항상 돈을 관리하는 습관이 뛰어났다는 사실!

3. 청소년도 할 수 있는 '자기 재무 점검'

* 내가 가진 돈(자산)과 써야 할 돈(부채)을 확인하기

예를 들어, 한 달 용돈 6만 원을 받는다면, 매주 1.5만 원이 들어오는 구조를 이해해야 해요.

경제지식 한 스푼

　* 나의 소비 패턴 분석하기
　어디에 돈을 많이 쓰는지 기록해 보면, 불필요한 지출을 줄일 수 있어요.
　* 용돈 사용 계획 세우기
　용돈이 한정돼 있기 때문에, 목표를 세우고 필요한 곳에 집중적으로 사용해야 해요.

Q 퀴즈 1.

　로또에 당첨되면 돈을 다루는 능력이 없어도 부자가 될 수 있다.
(O / X)

　A. X (로또 당첨자 중 대부분이 몇 년 안에 돈을 다 써버리는 이유는 '돈을 다루는 능력'이 부족했기 때문이에요.)

Q 퀴즈 2.

　돈을 다루는 능력에는 저축, 투자, 신용관리 외에 어떤 능력이 포함될까요?

　A. 지출 통제 (돈이 아무리 많아도, 계획 없이 쓰면 금방 사라져요. 꼭 필요한 곳에만 쓰는 습관이 중요해요!)

용돈 관리, 새로운 세계로

돈을 불리기 전에 돈을 다루는 법부터?

저녁이 어떻게 흘러갔는지 모르겠다. 잠도 거의 자지 못했다. 민재 선배는 지금 내 맘을 알까? 혼자서 이런저런 상상을 하고 있는데 민재 선배가 왔다.

"잘 잤니? 아침은 먹었고?"

"네 그럭저럭이요. 선배님은요?"

"응 나도, 그럼 우리 시간이 없으니 바로 본론부터 들어가 볼까?"

"네 선배님"

"그리고 너 편해지면 그냥 형이라고 해라, 선배님 소리 듣기 불편하다."

민재 선배가 씩 웃으며 얘기했다. 아니 민재 형이 말이다. 흐흐흐 전설과 형 동생이 되는 건가??? 나도 덩달아 씩 웃음이 나왔다.

"네, 선배님. 아니 혀 혀어엉…흐흐흐"

민재형이 본격적으로 이야기를 시작했다.

"어제 너의 얘기를 정리해 보면 넌 지금 가장 시급한 것이 용돈을 버는 일이지? 그리고 그다음으로 그 용돈을 잘 관리해서 좀 모으고 싶은 거고?"

"네 맞아요 선배님, 아니 형….'

"그런데 지금 아르바이트를 해서 벌고는 싶지만 부모님께서 아르바이트를 하지 말라고 하신 거고."

"네. 그런 상황이에요."

"그리고 일단 부모님이 용돈을 주신다고 했고?"

"네"

"부모님은 얼마를 주시는 거니? 그리고 그 돈 말고 너는 얼마 정도가 더 필요한 거야?"

"음 일주일에 만 오천 원씩 해서 한 달에 6만 원을 받았었어요, 사실 중학교에 와서부터는 저녁은 밖에서 사 먹어야 할 때도 많아 부족한 게 사실이었는데 그냥 주시는 대로 그렇게 받거나, 필요할 때마다 들쭉날쭉하게 그냥 그렇게 받았어요.

"아 그랬구나. 그럼 넌 지금 네가 정확히 한 달에 얼마의 용돈을 쓰는지 정확히는 모른다는 거네?"

"네, 그런 거 같아요."

"음… 제경아, 돈 관리의 시작은 말이지, 네가 앞으로 얼마 동안, 얼마의 돈이 필요한 사람인지 정확하게 파악하는 것부터 시작하는 거야. 이걸 '현실 점검'이라고 해."

재민 선배의 차분한 설명에 제경은 고개를 갸웃거렸다.

"현실 점검이요? 처음 듣는 단어예요."

"하하, 당연히 그럴 거야. 우리나라는 개인들의 돈 관리에 대한 교육이 거의 없다시피 하거든. 네 부모님께서도 돈을 얼마나 버는지, 어디에 얼마나 쓰는지 제대로 파악하지 못하신 채 사업을 하시고 살림을 꾸려오신 것도, 어쩌면 그런 교육을 받지 못하셔서 그럴 거야."

민재 선배의 말에 제경은 씁쓸하게 웃었다. 맞는 말이었다. 부모님은 늘 바쁘게 사셨지만, 돈에 대해 체계적으로 관리하는 모습은 본 적이 없었다.

"어쩐지… 엄마도 늘 돈이 부족하다고만 하셨지, 정확히 얼마를 버는지, 어디에 쓰는지 말씀해 주시지 않으셨어요. 그게 당연한 건 줄 알았는데…"

제경은 혼잣말처럼 중얼거렸다. 그때, 민재 선배가 빙긋 웃으며 말을 이었다.

"우리 엄마 말씀으로는, 어른들도 대부분 그렇다고 하더라고. 돈에 대해 제대로 아는 사람이 별로 없대."

"네? 선배님 어머님께서 그러셨다고요?"

제경은 깜짝 놀라 되물었다.

"응, 엄마께서. 맞다, 우리 엄마는 금융경제교육을 하시는 분이야. 우리나라에서 최초로 개인재무관리 영역에 특화된 커리큘럼과 도구를 개발하셔서 특허를 받고 교육하고 계셔. 그래서 난 어릴 때부터 엄마로부터 용돈 관리하는 방법부터 금융 경제와 관련된 교육, 책등 조기교육을 운좋게 받은 케이스이지"

"아 그래서…"

이제야 이해가 갔다. 왜 민재 선배가 이렇게까지 학생임에도 불구하고 용돈 관리를 잘해서 부자가 될 수 있었는지 말이다.

"그리고 지금 너의 상황에서는 아마 돈을 어떻게든 빨리 모아서 불리고 싶은 마음도 클 거 같아. 맞니?"

"네 맞아요. 부모님의 상황이 많이 안 좋으시니까 사실 고등학교에 가는 것도 죄송스러울 지경이에요, 얼른 불려서 제게 필요한 돈은 제가 알아서 해결하고 싶어요, 형처럼요."

"그래 네 입장은 충분히 이해가 가. 그런데 말이야 제경아. 빨리 모아서 빨리 불리고 싶은 네 마음은 잘 알겠는데 그보다 더 중요한 게 있어."

"더 중요한 거요? 그게 뭔데요?"

"뭐냐면 바로 돈은 불리는 방법을 알기 전에 돈을 다루는 방법, 내 돈을 지키는 방법을 먼저 배워야 한다는 거야."

"돈을 다루는 방법이요? 지켜요?"

"응. 돈을 다루는 방법을 모르는 상태에서는 아무리 많이 가지고 있어도, 갑자기 부자가 되어도 그걸 감당하지를 못해, 너도 뉴스에서 봤을거야, 로또에 당첨된 사람들이 당첨 후에 더 비참해지는 경우나, 사업이나 투자가 대박이 나서 벼락부자가 되었는데 얼마 못 가고 망하는 경우 같은 거 말이야."

"맞아요, 많이 봤어요."

"어머니가 항상 말씀하셨어, 사람은 딱 자기 그릇만큼만 돈을 지닐 수 있다고. 즉 내가 돈을 잘 다루고 관리하는 방법을 모르면 내 그릇보다 더 큰돈이 들어왔을 때 그걸 감당하지 못하고 다 흘려버리고 말게 된다고. 부자들은 돈을 키우기 위해 노력하는 사람들이 아니라, 돈을 다루기 위한 본인의 역량을 키우기 위해 노력하는 사람들이 진짜 부자라고."

민재 형의 입에서 나오는 말들은 하나 같이 처음 듣는 얘기들이었다. 민재 형은 꼭 다른 세계에서 온 사람인 것만 같았다.

"그래서 난 너에게, 돈을 불리는 방법 이전에, 내가 배운 그대로 돈을 관리하는 방법에 대해서 먼저 차근차근 알려줄 생각이야. 빨리 돈부터 불리는 그런 걸 원했을 텐데 그건 아마 나중이 될 거 같아. 괜찮겠니?"

"아 네네. 그럼요. 중요한 기본부터 잘 다져야 한다는 말씀이신 거잖아요 형 맞죠?"

"그래 맞아, 자식, 공부 좀 한다더니 이해가 빠른데?"

'공부 좀 한다더니? 이건 뭐지? 설마 담임선생님이 그렇게 내 소개를? 와하하하하 담임 선생님도 이제 나를 인정하신다는 건가?' 갑자기 어깨가 솟아 오르는 기분이 들었다.

돈 관리에도 흐름이 있다고?

"그런 의미에서 내가 용돈을 관리하는 방법에 대한 개관부터 좀 해줄게. 용돈 관리, 즉 돈관리는 전체적인 흐름을 이해하는 게 굉장히 중요하거든."

"용돈 관리의 흐름이요?"

"응. 전체적으로 내 돈이 흘러가는 흐름과, 단계별 관리 방법을 아는 게 중요해. 그 단계는 또 5단계로 나뉘고. 오늘은 첫날이니 내가 그 흐름에 대해서 차근차근 한번 설명해 볼게"

갑자기 재미 선배의 뒤로 후광이 비치는 것만 같았다. 나는 나도 모르는 사이에 민재 선배의 목소리에 집중, 또 집중 하고 있었다.

마법의 용돈 관리 5단계를 배우다

민재 선배의 손에는 "원페이지 청소년 용돈 가계부"라고 쓰인 책이 있었다. 그 책을 펼치고는 천천히 설명을 시작했다.

"용돈을 관리하는 방법은 총 5단계인데 다음과 같아.

1단계는 현실점검

2단계는 계약하기 (용돈 계약, 홈아르바이트 계약)

3단계는 꿈 & 실행계획 세우기

4단계는 계획 및 기록하기

5단계는 결산하기

1단계 현실점검

"이렇게 단계별로 나누어지게 되어 있어. 내가 좀 전에 현실점검 얘기했었지? 그게 가장 첫 번째라 한 번 물어 본 거야. 너는 용돈이 부족해서 더 벌고 싶다고는 했지만, 정확히 얼마의 용돈이 더 필요한지는 모르는 상태였어.

그럼 넌 밖에서 얼마큼의 시간 동안 일을 해야 하는지도 계산을 못 하겠지. 즉 돈은 벌고 싶지만, 네 시간을 어떻게 써야 원하는 액수의 돈을 벌수 있는지 계획조차 못 세우고 이도 저도 아닌 상황에서 고민만 하고 있게되는 거지. 그리고 그런 고민은 학교 공부에도 안 좋은 영향을 미치게 될거고."

"네 형. 듣고 보니 그렇네요"

"학생이라 공부할 시간이 절대적으로 중요한데 어쩔 수 없이 빼야 하는 시간이면 정말 잘 계산해서 딱 그만큼만 용돈을 버는데 써야 할 거야 그렇지? 그러니 너는 너에게 필요한 최소한의 용돈이 얼만지 측정하는 것부터 해야 해. 그래야만 공부와 용돈 둘 다를 해결할 수 있어."

"네, 그런 거 같아요, 제가 정말 너무 막연하게 돈을 벌어야겠다고 생각한 거 같아요."

"어, 하지만 괜찮아, 지금까지는 배워 본 적이 없어서 몰라서 그랬던거고 이제부터는 배워서 잘하면 되니까. 그래서 현실점검을 통해 내게 필요한 용돈이 얼마인지 파악해 본 다음 부모님과 용돈 액수에 대해 협의를해야겠지.

부모님께 용돈을 요청할 때 무턱대고 돈을 달라고 한다면 부모님도 판단하기가 힘드실 거야, 자녀한테 얼마를 주는 게 맞는지, 달라는대로 다 줘야 하는지 말이야. 그럴 때 네가 딱 기록해 놓은 걸 보고 저는 일주일에 이 정도, 한 달에 이 정도를 쓰니까 이 금액을 주세요 하면 부모님도 근거자료가 있으니까 판단을 하시기가 수월하시겠지. 그리고 금액이 적절치 않다 하면 아이와 협의를 시도하실 거고."

"부모님 입장에선 한 번도 생각해 본 적이 없었는데 형의 얘기를 듣고 보니 진짜 그런 것 같아요."

2단계 계약하기 (용돈 계약서, 홈아르바이트 계약서)

"이렇게 해서 부모님이나 보호자와 협의가 성공적으로 된다면 이 내용을 '용돈 계약서'란 것에 써서 서로 약속을 해."

"네? 용돈 계약서요? 아이들 용돈에 무슨 계약서까지…"

"그래, 그렇게 생각할 수 있어, 가족 간이고, 부모 자녀 간에 용돈을 주고 받는 건데 무슨 계약서씩이냐고. 하지만 이 부분이 가장 중요해, 어쨌든 그게 가족 사이라 할지라도 이건 돈에 관한 거래이자 약속이야.

"정말 화나고 그럴 거 같아요, 실제로 저도 너무 필요한 순간에 부모님이 제대로 된 설명도 없이 자꾸 다음 주에 주신다 그러시고 그러다 계속 늦어지고, 결국엔 안 주시고, 드문드문 되실 때만 어쩌다 주시고 그러니까 너무 불편하고 화나고 부모님이 원망스러웠어요. 저도 계획이란 게 있는데 그 계획들이 다 틀어져 버리니까요"

"그래, 그랬을 거야, 그럼 반대로 이럴 수도 있겠지, 일주일에 얼마, 한 달에 얼마를 주겠다고 약속했는데 자녀가 받자마자 다 써버리고 만날 더 달라 더 달라 그리고 매일 부모님께 떼를 쓴다면 부모님 입장에선 어떨까? 부모님도 정해진 수입으로 생활하실 텐데 말이야."

"네, 그것도 정말 문제가 되겠네요."

"그래, 정해진 수입으로 가정의 모든 살림을 꾸리셔야 하는데 자꾸 계획에도 없던 돈들을 자녀가 지속적으로 요구를 한다면 부모님들은 아마 세워 놓았던 가정경제 계획에 차질이 생기시거나 금액이 크다면 굉장히 부담스러운 상황이 되시겠지.

가져가는 우리들은 늘 작은 것 같고 그러겠지만 사실 시시때때로 그렇게 가져가는 돈들이 실제 모아보면 꽤 큰돈들이 되는 경우가 많거든. 일일이 적어서 다 합해보지 않기 때문에 늘 작은 것처럼 느껴지는 거야. 그렇기 때문에 가족이라 하더라도 서로의 안정적인 생활을 유지하고 신뢰관계를 맺기 위해서 가족 간에라도 이런 중요한 부분은 계약서를 통해 서로 지키기로 하는 거지."

"아, 그렇군요…그런데 그렇게 계약서까지 써놓고도 안 지키는 경우는 어떻게 해요?"

"그래 맞아, 그런 경우도 있을 수 있지, 이런 부분에 대해서는 나중에 세부 단계에서 알려주도록 할게, 용돈 계약서 안에 그럴 때를 대비해 협의하는 게 다 있어. 지금은 전체적인 용돈 관리의 흐름을 알려주는 중이니까!"

"아 네 형, 갑자기 듣다 보니 진지해졌네요 ㅎㅎ"

민재 선배의 얘기를 듣고 있으니 속이 다 뻥하고 뚫리는 것만 같았다.

민재 형은 침착하게 다음 단계의 설명을 이어 나갔다.

3단계는 꿈 & 실행계획 세우기

"지금까지가 2단계인 계획하기였어, 자 이렇게 현실점검을 통해 내게 필요한 용돈이 얼마인지 생각해 보고 부모님과 조율한 다음 계약서까지 작성이 되었어. 그런데 이런 경우도 종종 생길 수 있겠지.

용돈은 거의 생활하는데 꼭 필요한 필수품이나 간식 위주의 금액이기 때문에 우리가 무언가 꼭 사고 싶은 게 생기거나, 어디 친구들과 가고 싶거나, 가지고 싶은 게 생겼을 때 용돈으로는 안 될 때 말이야."

"네, 맞아요. 정말 그럴 때 용돈이 너무 필요한데…"

"그래. 그래서 우리에게도 용돈 외에 돈이 더 필요한 순간에 대비해 돈을 벌 수 있는 기회나 여건이 있어야 해."

"네, 정말요. 괜히 부모님께 떼 안 써도 되고, 죄송하지도 않고, 내가 필요한 돈은 내가 해결할 수 있다면 너무 좋을 거 같아요. 부모님은 용돈을 주고 계신다고 엄청 생색을 내셨지만 전 항상 부족했어요, 그런데 마냥 더 달라고 떼를 쓸 수도 없고, 부모님의 형편도 있고 난감하더라고요."

"그래, 아무리 청소년이라고 해도 사실 용돈만으로는 부족할 수도 있는 게 사실이고, 설사 용돈을 받는다 해도 필요한 무언가가 생겼을 때 용돈으로 충당하기에는 턱도 없이 모자랄 때도 많고. 그럴 때를 대비해 우리 같은 청소년들도 돈을 벌 수 있는 기회가 있으면 참 좋은데 그 첫 번째 방법이 바로 집 안에서 돈을 벌 수 있는 홈 아르바이트라는 게 있어. 너도 들어봤지? 홈 아르바이트?"

"네 그런 걸 하는 친구들이 있단 건 알았지만 실제로 제가 해본 적은 없어요."

"그래, 그런 건 부모님이 먼저 필요성을 아시고 제시해 주면 좋은데 아까도 말했다시피 부모님들도 자녀 용돈 교육에 대해서 어떻게 하면 되는 건지 어디 가서 제대로 배워 보신 경우가 드무신 경우가 대부분이라 알려 주실 수가 없으셨을 거야.

그러니 이제부터라도 네가 집에서 할 수 있는 홈 아르바이트 등을 통해 부모님의 일도 도와드리면서 용돈도 벌 수 있게 되면 참 좋겠지? 이 부분에 대해서 부모님과 또 명확하게 계약서를 쓰고 약속을 하는 거야. 이것도 계획하기의 일부분인 '홈아르바이트 계약하기'란 거야.

여기까지 단계가 이루어지면, 어떤 상황인가 하면, 너는 기본적으로 필요한 기본 용돈이 보장이 되었고 돈이 더 필요한 경우가 생기게 될 경우 그 돈을 마련할 방법도 생긴 거야 이렇게 되면 중요한 것이 너도 이제 '앞으로의 계획'이란 걸 세울 수가 있게 된다는 거지."

"앞으로의 계획이요?"

"그래, 앞으로의 계획"

"그게 뭔데요?"

"너 지금까지 무언가 갖고 싶다거나, 어딜 가고 싶다거나 할 때 어떻게 했지? 부모님을 졸라야 했지?

"네. 그랬죠, 저는 돈이 없으니까요."

"그래, 그런데 이제 너는 돈을 정기적인 수입, 즉 매월의 용돈과 돈이 더 필요할 경우 돈을 더 벌 방법이 생겼어, 이렇게 되면 앞으로 네가 원하는 것이 생길 경우 부모님께만 의지하는 것이 아니라 너 스스로 그걸 가질 수 있게 됐다는 거지."

"제 스스로여? 그래봤자 용돈은 얼마 안 되는데요?"

"그래, 그래서 계획이란 게 필요한 거야. 아무리 작은 용돈이라도 계획 하에 일정 기간 모으게 되면 생각보다 꽤 큰 금액을 모을 수가 있어"

"용돈을 모아요? 어떻게요? 솔직히 쓰기에도 부족한 금액이에요. 홈 아르바이트 등을 한다고 해도 얼마 안 될 거고요."

"그건 아마 네가 아직 계획하에 돈을 모아본 경험이 없어서일 거야. 계획이란 걸 세우고 차근차근 모아보면 작은 돈을 가지고도 어느 정도 나의 목표나 꿈, 소망을 이룰 수 있게 돼. 너 혹시 돈이 있다면 갖고 싶다거나 하고 싶은 게 있니?"

"네. 있기야 하죠, 저도 공부할 때 필요한 패드도 새걸로 좀 더 큰 걸 갖고 싶고, 입고 싶은 패딩 잠바도 있고, 야구를 좋아하는데 ***사 야구 글러브를 갖고 싶어요."

"그렇구나, 혹시 가족을 위해서 뭐 하고 싶은 건 없니?

"아... 사실 어머니가 일을 많이 하셔서 그런지 손목이 많이 안 좋으세요, 손목 안마기를 하나 사드리고 싶단 생각을 했었네요."

"오~ 기특한데? 그래 좋아, 하고 싶은 것들이 그렇게 명확하게 있다면 이제부터는 용돈을 잘 분배해서 관리, 사용하는 '용돈 관리 계획'만 세우면 다 이룰 수 있어. 이렇게 하는 것을 3단계인 '꿈 & 실행계획'이라고 해. 정기적 수입이 생긴 만큼 스스로 꿈과 필요를 해결하기 위해 목표를 세우고 그 목표를 달성하기 위해 노력을 하는 거지. 이걸 어른들의 용어로 하면 '재무목표'라고 하는 거고."

"와. 정말 단계라는 것이 참 구체적이네요. 정말 형 얘기처럼만 하면 무엇이든 다 될 것만 같은 생각이 들어요."

"그래 맞아, 누구나 돈 관리법을 제대로 배우면 다들 잘할 수 있어. 그래서 목표한 대로 잘 모아서 꿈과 소망을 이룰 수 있어. 너도 물론 마찬가지이고. 그 구체적 방법도 세부 단계 설명 때 해줄게."

3단계까지만 들었을 뿐인데 가슴속에서 무언가가 타오르는 것 같은 기분이 들었다. 막연하기만 했던 돈 관리란 것이 조금은 이해가 가기 시작하는 것 같았다.

4단계는 계획 및 기록하기

"자, 우리가 지금까지 한 걸 정리해 볼게. 먼저, 정기적으로 돈이 들어올 거란 걸 알았지? 그리고 그 돈을 잘 모아서 뭘 하고 싶은지 목표도 세워봤어. 이제 뭘 해야 할까? 바로 이 목표를 어떻게 이룰 수 있을지 생각해 보고 실천하는 거야.

큰 목표를 이루려면 어떻게 해야 할까? 그 목표를 작은 조각들로 나눠서 매일매일 조금씩 실천하는 게 진짜 중요해. 돈 관리에서는 이 작은 조각이 뭘까? 바로 매일 돈을 어디에 썼는지 적어 보는 거야. 이렇게 하면 돈을 어떻게 쓰고 있는지 잘 알 수 있거든.

너 혹시 어렸을 때 용돈 기입장 써본 적 있어?"

"네, 써봤어요. 아마 다들 한 번쯤은 해봤을 것 같아요. 근데 저는 며칠하다가 그만뒀던 것 같아요."

"맞아, 매일 쓴 돈을 적는 게 쉽지 않지. 뭐든 계속하는 건 어려워. 특히 습관이 안 됐으면 더 그래.

근데 우리가 알아야 할 게 있어. 습관을 만들 때는 억지로 하는 것보다 자연스럽게 할 수 있는 환경을 만드는 게 더 중요해. 그러면 저절로 하게 돼. 이걸 좀 어려운 말로 '시스템을 갖춘다'고 해. 우리는 이미 이런 시스템이 있어서 너는 쉽게 배울 수 있을 거야. 기대해도 좋아."

민재 선배가 한 말들은 처음 들어서 좀 이상했지만, 왠지 믿음이 갔다.

'시스템? 환경? 뭔 소린지 모르겠네… 정말 괜찮을까?'

제경이는 기대도 되고 걱정도 됐다. 하지만 민재 선배가 자신 있어 보여서 용기가 생기는 것만 같았다.

"지금은 그냥 편하게 들어. 처음이라 이해 안 되는 건 당연해. 그냥 큰 흐름만 알려주는 거야. 새로운 걸 배울 때는 전체적인 모습을 먼저 아는 게 제일 중요해. 쉽게 말하면, 여행 갈 때 목적지를 알고 가는 것과 같아.

예를 들어볼게. 집을 짓는 목수들이 있다고 해보자. 이 목수들이 자기가 짓는 집이 어떤 집인지, 다 지어지면 어떤 모습일지는 모르고 그냥 자기 파트의 일만 열심히 한다고 해보자, 그러다 만약 어떤 문제가 생겨서 서로 협의로 조율을 해야 한다면 어떨까? 내 부분밖에 모르면 조율 자체를 못하겠지? 또, 내가 만든 부분이 다른 부분들이랑 잘 어울리는지도 모를 거고. 아니면 우리 집 마당을 청소한다고 생각해 봐. 우리 집 마당이 어디까지인지 모르면 어디까지 청소해야 할지 모르겠지?

돈 관리도 이거랑 똑같아. 돈 관리를 어디서부터 어떻게 시작하고 끝내야 하는지 모르면 즉, 돈 관리란 게 무엇인지 전체적인 큰 틀을 모르면 잘 관리할 수가 없어. 그냥 무작정 용돈 기입장을 쓰고 가계부만 쓴다고 해서 돈이 아껴지고 관리되는 게 아니란 얘기야. 부분만 알고 관리를 하게 되면 한곳에서 죽어라 아껴도 다른 곳에서는 돈이 새고 있는 상황이 생길 수도 있어. 그래서 전체를 볼 줄 아는 게 진짜 중요해."

"네, 대충 알겠어요. 코끼리를 모르는 사람이 코끼리 일부분만 만져봐서는 전체가 어떤 모습인지 알기 어렵다는 그런 이야기 같아요."

"오, 그래. 그것도 좋은 비유네. 나중에 하나씩 해보다 보면 금방 이해할 수 있을 거야. 너무 걱정하지 마."

"네, 형."

순간 제경이는 민재 형이 정말 멋있다고 생각했다. 돈이 많아서가 아니라, 민재 형은 남을 배려하고 겸손한 게 습관이 된 것 같았기 때문이다. 제경이는 자신도 민재 형처럼 멋진 사람이 되고 싶었다. 그래서 지수한테도 멋진 남자로 보이고 싶다는 생각이 들었다.

5단계 결산하기

"자, 지금까지 돈 관리의 중요한 뼈대 내용을 설명했어. 이 기본을 잘 지키려면 매일 돈을 어떻게 쓰고 관리하는지가 중요하다고 했고. 또한 기본을 잘 지키려면 매일 내가 쓴 돈을 적어야 한다고 했지.

이제 마지막은 '결산하기' 야. 결산이 뭐냐면, 내가 계획대로 돈을 잘 모았는지, 돈을 계획한 대로 잘 썼는지 확인하는 거야. 이걸 통해 내가 잘하고 있는지 아닌지를 알 수 있어.

사실 이 결산하기는 처음에 현실점검을 하는 것만큼 중요해. 왜 그럴까? 결산을 안 하면 내가 계획대로 살고 있는지 알 수가 없거든. 계획을 지키지 않을 거면 애초에 계획을 세울 필요도 없잖아, 그렇지?

"네."

"그래서 네가 계획대로 잘했는지 일주일에 한 번이나 한 달에 한 번은 꼭 확인해 봐야 해. 이걸 '주간 결산' 또는 '월간 결산'이라고 불러. 이렇게 하면 용돈 관리의 모든 단계가 끝나는 거야.

처음에 계획을 잘 세우면, 그 다음엔 가끔씩만 확인하면 돼. 계획을 다 세우고 나면 매일 할 일은 그날 쓴 돈을 적는 것뿐이야. 결산도 한 달에 한 번만 하면 되고. 처음에만 잘 준비하면 그 후엔 할 일이 많지 않아. 자, 이게 용돈 관리의 5단계 흐름이야."

"네, 고마워요 형. 아직 다 이해하진 못했지만, 확실한 방법이 있다는 걸 알게 돼서 든든해요."

"그래그래 좋아, 그렇게 마음 편히 먹고 배우면 돼. 누구나 배우면 잘할 수 있는 거라고 했잖아. 그런 의미에서 앞으로 우리의 계획을 알려주자면, 다음처럼 진행할 예정이야."

민재 선배는 다이어리를 펴더니 뭔가 계획표 같은 것을 내게 보여주었다. 5주간 실천하게 되어 있는 무슨 계획표 같은 것이었다.

"제경아, 네가 배워야 할 것들이 총 5단계이잖아."

"네. 형 그렇죠"

"그래서 앞으로 5주 동안, 일주일에 하나씩 단계별로 세부적인 설명을 해줄까 해. 작성 방법들을 포함해서 말이야. 하나의 단계를 배운 후 일주일 동안 네가 해 보고 내가 피드백을 하고, 그다음 주 단계를 설명해 주고 이런 식으로 말이야. 괜찮겠니?"

'와…이 형 장난 아니구나… 뭐가 이렇게 매사 체계적이지? 그냥 후배한테 이야기해 주는 수준이 아니라 거의 선생님 수준이잖아…' 사실 속으로 엄청나게 감동했는데 절대로 티를 안 내고자 노력하며 대답했다.

"네 형. 알겠어요. 그런데 형의 시간을 너무 뺐는 게 아닌지 모르겠어요. 입시 준비도 하셔야 할 텐데 말이에요."

"아니야 괜찮아, 어차피 집에서 조금만 일찍 나오면 하고 갈 수 있는 일인데 뭐. 그리고 이게 나의 사랑하는 후배의 인생에 있어서 너무 중요한 일 아니냐. 선배로서 이 정도는 해줄 수 있지."

"어깨를 으쓱하고 웃어 보이는 형이다. 아, 이 어마어마한 일을 나중에 어떻게 보답한담…잘 해주어도 참 부담스러운 게 이런 건가 보다.

"그럼 오늘 시간이 있으니 1단계인 현실점검을 하는 방법에 대해 구체적으로 알려줄게. 일주일 동안 해보고 다음 주에 만날 때 가계부를 가져와, 네가 쓴 걸 보고 내가 피드백을 해줄게."

"네 형."

민재 형은 막힘이란 1도 없이, 시트를 보며 주옥같은 설명을 시작했다.

용돈 관리 1단계 - 얼마나 쓰고 사냐고요? 현실점검

"자, 여기 책의 목차를 보면 용돈 관리 5단계가 순서대로 나와 있어. 그리고 네가 용돈 관리하면서 모를 수 있는 돈이나 경제 관련 단어들도 앞부분에 설명되어 있어. 내가 아까 설명한 용돈 관리 전체 내용도 '용돈 관리의 흐름 한눈에 보기'로 정리되어 있으니까 헷갈릴 때마다 자주 봐. 또 현실점검이 뭔지, 왜 중요한지도 설명되어 있으니 나중에 꼭 읽어봐."

"네 형. 와, 이 용돈 가계부 정말 잘 만들어졌네요."

"그렇지? 당연하지. 누가 만든 건데. 하하하"

"그럼 혹시 이 청소년 가계부도 형의 어머니께서 만드신 거예요?"

"응 맞아, 우리 엄마께서 만드신 거야. 엄마는 돈 관리는 성인만 할 줄 알아서 되는 게 아니고 어릴 때부터 차근차근 배워야 하는 거라고 늘 강조를 하셨어, 그래서 어릴 때부터 어른이 돼서까지 쓸 수 있는 개인들의 돈관리 시스템이 필요하시다고 하면서 연령대별로 시스템을 만들고 계셔.

청소년을 위해 만든 이 원페이지 용돈 가계부도 성인 원페이지 가계부의 시스템을 모태로 우리들 수준에 맞게 개발하신거야. 다음 단계는 초등학생 버전인 키즈 단계라고 하셨어."

"와…그럼 온 식구가 같은 시스템으로 돈 관리를 함께할 수 있게 되는 거겠네요?"

"그렇지, 그게 중요하다고 하셨으니까."

'와…형의 어머니라는 분, 정말 엄청난 분이시구나' 하는 감동과 함께 나중에 기회 되면 꼭 한번 뵈어야 할 분이란 생각이 들었다.

"자 그럼 가장 먼저 1단계인 현실 점검 하는 법에 대해서 알려줄게. 자, 여기서부터야, 청소년 용돈 가계부 **페이지. 여기 '용돈지출 주간기록'이라고 쓰인 이 일주일 치 시트를 적어 오면 되는 거야.

용돈지출 주간 기록 시트를 보면 원래는 제대로 쓰려면 지금의 이 용돈이 몇 주차의 용돈인지부터 기록을 해야 해. 오른쪽 맨 위에 5월 1주 차라고 예시가 되어 있지? 그게 그 뜻이야.

그래서 시작할 때 거기에 몇 주 차인지부터 쓰고 그다음에 왼쪽 위에 한 달 예산이 얼마고 그것을 5주로 나누었을 때 1주간의 예산은 어떻게 되는지 쓰게 되어 있어. 그런데 지금은 현실 점검을 하는 단계이기 때문에 이렇게 구체적으로 다 안 써도 돼. 그냥 평상시에 쓰던 대로 내가 일주일에 얼마 정도가 필요한 사람인지 알아보는 거니까 그 부분은 생략하고 그냥 일주일간 내가 쓴 비용만 빠트리지 않고 잘 쓰면 돼. 여기까지 어렵지 않지?"

"네 형."

"그럼, 밑에 주요 기록부분들 설명을 해 줄게…"

민재형의 설명은 거침이 없었다. 어려울 것만 같은 작성법들이 정말 쉽게 다가왔다.

다음 주가 되고….
2단계 계약하기 (용돈 계약서, 홈아르바이트 계약서)~~~
그다음 주가 되고…
3단계 꿈 & 실행계획 세우기 ~~~
4단계 계획 및 기록하기 ~~~
5단계 결산하기 ~~~~

그렇게 한 주 한 주 열심히 쓰다 보니 벌써 4주가 지나고 마지막 한 주만 남았다.

그동안 민재 형이 알려준 용돈 관리 방법들을 하나씩 해보면서 조언도 듣고 궁금한 것도 물어보았다. 4주 정도 지나니까 이제 용돈 관리가 어떻게 돌아가는지 대충 알 것 같았다. 마지막 수업이 다가온다는 게 실감이 나지 않았다.

민재 형이 카페에 들어왔다. 이제 마지막이라고 생각하니까 눈물이 날 것 같았지만 참았다.

민재 형은 늘 하던 대로 내 숙제를 보고 조언해 주고, 이번 주에 배울 내용을 알려주었다. 이번 주는 용돈 관리의 핵심인 '결산' 단계였다. 나도 용돈 관리의 꽃이라는 이 마지막 단계까지 오니까 왠지 가슴이 설렜다.

진지하면서도 좀 무거운 느낌이 드는 마지막 수업이 끝났다. 마지막 수업에 대한 형의 피드백은 형이 대학입시 때문에 수능이 끝나고 듣기로 했다. 민재 형도 마무리를 못 해주는 게 많이 아쉬워하는 것 같았다.

제경이의 특허받은 용돈 가계부

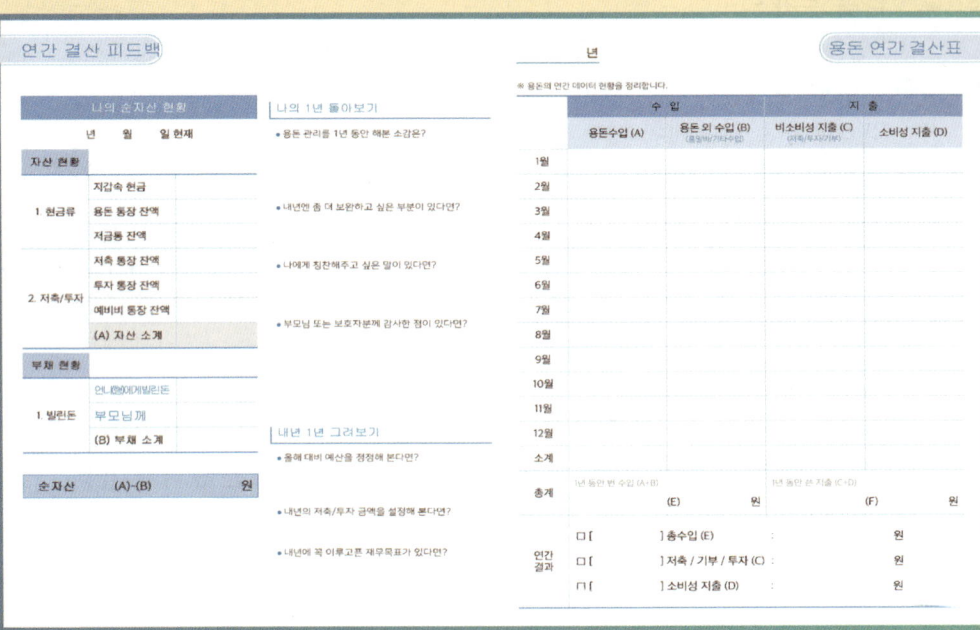

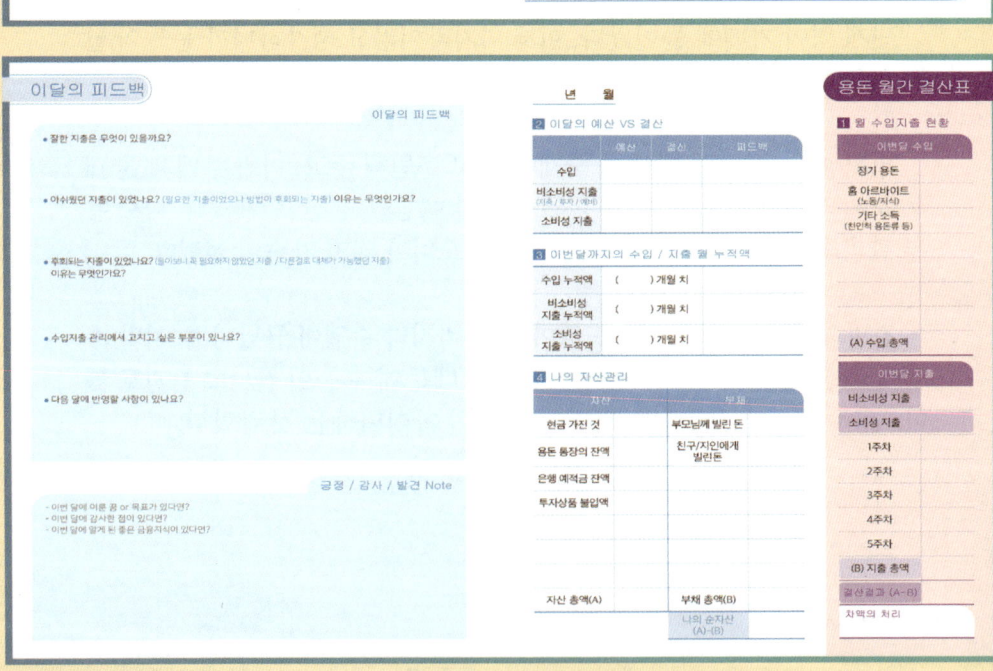

제경이의 특허받은 용돈 가계부

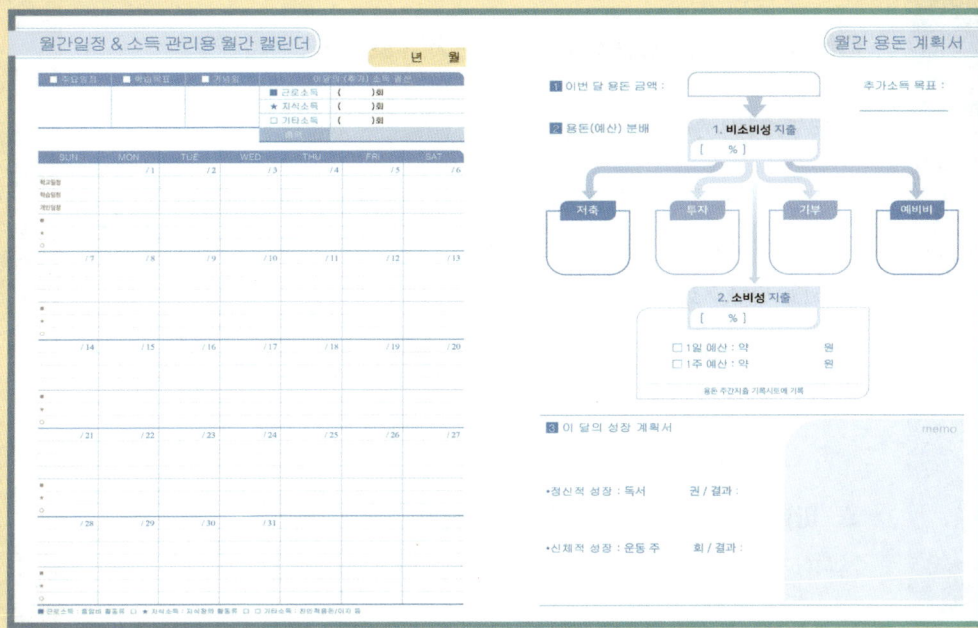

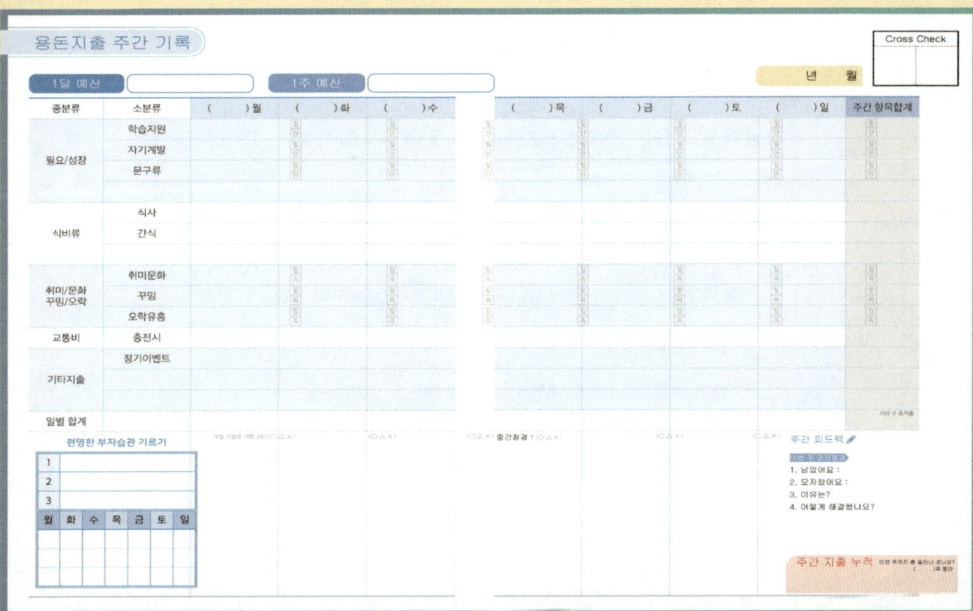

Chapter2-3: 용돈 관리, 새로운 세계로

1. 돈 관리의 첫걸음, 현실점검

  돈 관리를 잘하기 위한 가장 중요한 첫 단계는 바로 '현실점검'이에요. 내가 한 달에 얼마를 벌고 얼마를 쓰는지 정확히 알고 있어야 계획을 세우고 효율적으로 관리할 수 있어요.

  돈을 잘 모으고 불리고 싶다면, 먼저 내 돈이 어디서 와서 어디로 가는지부터 확실히 알아야 해요!

2. '마법의 용돈 관리 5단계' 이해하기

  (특허 제10-2713300호. 원페이지 청소년 가계부 작성 방식)

1단계: 현실 점검

실제 내가 한 달 동안 얼마의 돈을 필요로 하는지 정확히 계산해 봐요.

2단계: 용돈 계약하기

부모님과 함께 용돈 계약서나 홈아르바이트 계약서를 작성해 서로 신뢰를 쌓아요.

3단계: 꿈 & 실행 계획 세우기

용돈으로 이루고 싶은 목표나 꿈을 구체적으로 계획해 봐요.

- 단기 목표(예: 새 가방 구입, 킥보드 구입) 등

- 장기 목표(예: 1년 후 여행비 모으기, 핸드폰 교체 비용 모으기 등)

4단계: 기록하기

매일 내가 사용한 돈을 기록해 실제 지출 내역을 파악해요. 불필요한 지출로 새

는 돈은 없는지, 충동적인 지출은 없었는지 확인해요.

5단계: 결산하기

한 달 동안 잘 썼는지 평가하고, 다음 달 계획을 조정해요. 정기적으로 내가 세

운 목표와 실제 지출을 비교해서 계획을 수정하고 점검해요.

3. '소비 습관'이 인생을 결정한다

좋은 소비 습관을 가지면 평생 돈 걱정을 덜 수 있어요!

- 충동구매를 줄이기
- 사고 싶은 것과 필요한 것 구분하기
- 할인 행사나 1+1 이벤트에 현혹되지 않기
- 월급(용돈)의 일정 부분을 저축하는 습관 기르기

★ Part2 깜짝미션!

미션2 내가 만나고 싶은 경제 멘토나, 롤모델을 한 명 정하고, 그 이

유와 멘토에게 질문하고 싶은 것들을 정리해 보세요!

PART 3

용돈 관리의
달인이 되다

굳게 닫힌 용돈 관리의 문,
드디어 열다!

가계부 쓰다 멘붕?

다시 혼자가 됐다. 이제 스스로 해야 할 일만 남았다. 무섭긴 했지만 꼭 해야만 한다.

"자, 이제 시작이다!" 민재 선배한테 배운 용돈 관리 방법을 생각하면서 마음을 다잡았다. '그래, 나도 이제 돈 관리 잘해서 돈 걱정 없이 살아보자!'

먼저 현실 점검! 용돈 가계부를 펴고 이번 주에 쓴 돈을 생각나는 대로 적었다. 민재 선배가 제일 중요하다고 한 게 바로 이 현실 점검이었다. '일주일 동안 도대체 얼마를 썼지?'

첫 주는 정말 열심히 했다. 학교 매점에서 1,000원짜리 빵을 사 먹은 것부터 문구점에서 산 500원짜리 샤프심까지 꼼꼼히 적었다. 친구들이 "뭐하는 거야?"라고 물어볼 때마다 자랑스럽게 설명도 해줬다.

그런데 둘째 주부터 문제가 생겼다. 첫 주 동안은 꼼꼼하게 모든 소비를 기록했지만, 둘째 주부터 가계부 쓰는 것이 점점 부담스러웠다. 가끔은 깜빡 잊기도 하고, 기록하는 것이 귀찮게 느껴지기도 했다.

'잠깐, 지난달보다 학교 매점에서 김밥 사는 데 돈이 더 드는 것 같은데? 원래 1,500원이었는데 지금은 2,000원이네?'

순간 민재 선배가 했던 말이 떠올랐다.

"그게 바로 '인플레이션'이야! 물가가 오르면 같은 돈으로 살 수 있는 게 줄어드는 거지. 반대로 물가가 내려가면 디플레이션이 되는 거고."

제경이는 가계부를 다시 보며 생각했다.

'아…인플레이션이 남의 일이 아니었구나. 가만히 있다가는 쫄쫄 굶을 수도 있겠는데? 하루라도 빨리 돈의 가치가 줄어들지 않게 투자하는 법도 배워야겠다!'

월요일 아침, 급하게 등교하느라 가계부를 또 깜빡했다. '괜찮아, 저녁에 적으면 돼.' 그런데 저녁에는 숙제를 하느라 또 잊어버렸다. 이틀, 사흘… 점점 가계부가 밀리기 시작했다.

주말에 마음 먹고 밀린 걸 정리하려고 했는데, '어? 내가 뭘 샀더라?' 며칠 전에 산 빵값이 얼마였는지 기억이 나질 않았다. '아… 영수증이라도 모아둘걸!' 후회했지만 이미 늦었다.

다음 주부터는 정신을 바짝 차리고 영수증을 꼭 모았다. 주머니에 영수증을 가득 채우고 다녔다. 근데 이번엔 또 다른 문제가 생겼다. '아… 귀찮아!' 500원짜리 껌 하나 산 것까지 다 적으려니까 짜증이 났다. 게다가 친구들이 "너 아직도 그거 하고 있어?"라고 놀리기 시작했다.

그렇게 한 달이 지나니까 난 완전히 지쳐버렸다. 학원 숙제에, 시험 공부에… 용돈 관리까지 하려니 너무 벅찼다. '용돈 관리, 이거 완전 고문이 잖아!'

결국 용돈 가계부를 책상 서랍 깊숙이 넣어버렸다. 민재 선배한테 미안한 마음이 들었지만, 이걸 계속하다간 내가 미쳐버릴 것 같았다. '나중에… 시간 나면 다시 해봐야지.'라고 생각하면서 말이다.

난 내 방식대로 한다!

며칠 후, 독서실에서 공부를 하고 있는데 문득 민재 선배의 얼굴이 떠올랐다. '안 돼! 여기서 포기할 순 없어! 선배님은 나보다 훨씬 힘들게 돈을 모았을 텐데! 그리고 고3인 형님이 그렇게 귀한 시간을 내서 5주나 코칭을 해주셨는데…'

나는 다시 용기를 내어 용돈 가계부를 꺼내 들었다. 그리고 나만의 방식으로 용돈 관리를 시작하기로 결심했다.

'그래, 굳이 500원짜리 껌까지 다 적을 필요는 없잖아. 중요한 것만 딱딱 기록하는 거야!'

나는 선배에게 배운 내용도 중요했지만 내가 할 수 있는 선에서 나만의 용돈 관리 원칙을 세우기로 했다.

1,000원 이상의 지출만 기록한다.

영수증은 꼭 챙긴다.

일주일에 두 번, 수요일, 일요일엔 꼭 용돈 기입장을 정리한다.

이 원칙을 세우고 나니 마음이 한결 가벼워졌다. '이 정도면 할 수 있을 것 같아!'

첫 주는 여전히 조금 힘들었다. 수요일에 용돈 기입장을 정리하려고 보니 월요일에 산 문구류 영수증을 잃어버렸지 뭔가. 하지만 포기하지 않고 기억을 더듬어 대략적인 금액이라도 적었다.

둘째 주부터는 점점 나아졌다. 친구들과 PC방에 갔을 때도 "야, 잠깐만. 영수증 좀 챙겨야 해."라고 말하는 내 모습을 보고 뿌듯했다.

한 달이 지나자 놀라운 변화가 생겼다. 내가 어디에 돈을 많이 쓰는지 알게 된 것이다. 매점에서 사 먹는 간식비가 생각보다 많았다. 그래서 다음 달부터는 집에서 간식을 싸 와서 돈을 아끼기로 했다.

놀랍게도, 새로운 원칙을 세운 후 나는 용돈 관리에 재미가 붙기 시작했다. 꼼꼼하게 기록하는 것도 중요하지만, 꾸준히 하는 것이 더 중요하다는 것을 깨달은 것이다.

'흐흐, 이제 나도 용돈 관리 좀 하는 녀석 같잖아?' 얼굴에 뿌듯한 미소가 지어졌다. 민재 선배에게 이 사실을 알려드리면 얼마나 기뻐하실까? 상상하니 더욱 신이 났다.

'다음에 선배님 만나면 꼭 보여드려야지. 아, 그리고 지수한테도 알려줘야겠다!' 나는 새로운 목표를 세우며 더욱 열심히 용돈 관리를 하기로 다짐했다.

경제지식 한 스푼

Chapter 3-1: 굳게 닫힌 용돈 관리의 문, 드디어 열다!

1. 용돈 가계부, 왜 중요할까?

가계부를 쓰면 돈의 흐름을 한눈에 볼 수 있고, 불필요한 지출을 줄일 수 있어요.

< 가계부 작성의 기본 원칙 >

1. 매일 기록하기
   → 하루에 2분만 투자해도 큰 차이가 남.

2. 수입과 지출을 나누기
   → 받은 돈과 사용한 돈을 분류해야 정확한 소비 습관을 파악할 수 있음.

3. 반성하고 개선하기
   → 한 달이 끝나면 '지출이 많았던 항목'을 확인하고 개선할 방법을 생각하기.

4. 만약 꼼꼼하게 쓰는 게 어렵다면
   → 앱을 활용하거나 1,000원 이상의 지출만 기록하는 방법도 좋아요!

2. 돈을 관리하는 '3가지 원칙'

용돈을 관리할 때는 간단한 원칙을 세우는 게 중요해요.

1. '필수 소비'와 '선택 소비'를 구분하자!
   - 필수 소비: 학습관련 비용, 문구비, 교통비, 식비 등 꼭 써야 하는 비용
   - 선택 소비: pc방, 간식비, 의류, 화장품, 친구비 등 필수적이지 않은 비용
   (친구비란? 친구들과의 만남, 식사, 놀이 등 교제를 위해 사용하는 비용)

2. '예산'을 정하자!

한 달 용돈을 저축, 용돈, 투자, 기부 4가지 영역으로 나누어 배분해요.

3. 지출 후에는 꼭 체크하자!

돈을 쓰고 나서 '이 소비가 정말 필요했나?' 되돌아보는 습관을 들이면 소비 습관이 개선돼요.

3. 나만의 용돈 관리법을 찾자!

용돈 관리는 무조건 꼼꼼하게 기록하는 것만이 답이 아니에요. 처음부터 너무 자세히 기록하려고 하면 쉽게 지치고 포기하기 쉬워요. 중요한 건 자신이 꾸준히 할 수 있는 방법을 찾는 거예요. 간단한 원칙을 만들어 편하게 꾸준히 하는 습관을 들여 보세요!

4. 인플레이션과 디플레이션

- 인플레이션: 물가가 올라서 돈의 가치가 떨어지는 현상
- 디플레이션: 물가가 내려가서 돈의 가치가 올라가는 현상

데이트냐 저축이냐, 그것이 문제로다!

심쿵 데이트 VS 통장잔고, 기회비용을 배우다

"아, 이번 주말에 영화가 새로 개봉하는데… 지수랑 꼭 보러 가고 싶단 말이야…" 나는 책상에 엎드려 웅얼거렸다. 용돈 관리고 뭐고, 좋아하는 지수와 단둘이 영화관 데이트를 할 생각에 가슴이 콩닥콩닥 뛰었다.

하지만 곧 현실적인 문제가 내 발목을 잡았다. '젠장, 용돈!' 지난달, 민재 형에게 배운 대로 야심 차게 용돈 관리 계획을 세웠지만, 영화를 보러 가면 이번 달 저축 목표 달성은 물 건너가는 것이나 마찬가지였다.

"아, 진짜! 왜 이렇게 돈 들어갈 데가 많은 거야!" 나는 용돈 가계부를 쾅 닫으며 짜증을 냈다.

그때, 머릿속에 스치는 한 단어! '기회비용!' 민재형은 항상 기회비용을 생각하라고 강조했다. 지금 영화를 보러 가는 선택을 하면, 저축을 할 기회를 포기해야 한다. 그렇다면, 영화 데이트 대신 다른 선택을 할 수는 없을까?

나는 고민에 빠졌다. '영화는 나중에 봐도 되잖아. 지수랑 꼭 영화관에 가야만 데이트를 할 수 있는 건 아니잖아?'

다음 날, 나는 지수에게 조심스럽게 말을 꺼냈다. "지수야, 이번 주말에 영화 보러 가려고 했는데, 갑자기 집안에 일이 생겨서…"

지수는 실망한 표정을 지었지만, 곧 활짝 웃으며 말했다. "아, 괜찮아! 그럼 우리 다른 거 하면 되지! 공원에서 도시락 먹으면서 이야기하는 건 어때? 아니면, 보드게임 카페에 가는 것도 재미있을 것 같고!"

나는 깜짝 놀랐다. 지수가 이렇게 쿨하게 이해해 줄 줄은 몰랐던 것이다. "진짜? 그래도 괜찮아?"

"당연하지! 영화는 다음에 봐도 되잖아. 중요한 건 너랑 같이 시간을 보내는 거니까!" 지수는 활짝 웃으며 말했다.

주말, 나와 지수는 집 근처 공원으로 피크닉을 갔다. 나는 직접 만든 샌드위치를 지수에게 자랑스럽게 내밀었다.

"어때? 내가 만든 샌드위치, 맛있지?"

"우와! 이걸 네가 직접 만들었어? 완전 감동이야!" 지수는 샌드위치를 한 입 베어 물더니 눈을 동그랗게 뜨며 말했다. "진짜 맛있다! 역시 넌 요리에도 재능이 있나 봐!"

나는 쑥스러운 듯 웃었다. "헤헤, 칭찬은 고마운데, 너무 기대는 하지 마. 다음에는 그냥 사 먹는 게 더 좋을지도 몰라."

우리는 돗자리에 앉아 샌드위치를 먹으며 이야기를 나누었다. 영화관 데이트는 아니었지만, 오히려 더 즐겁고 편안한 시간을 보낼 수 있었다.

"오늘 정말 재미있었어! 역시 너랑 있으면 뭘 해도 즐겁다니까!" 지수의 얼굴이 그 어느 때보다도 밝아 보였다.

집으로 돌아오는 길, 나는 통장을 확인했다. 이번 달 저축 목표를 무사히 달성한 것을 확인한 나는 뿌듯한 미소를 지었다.

"흐흐, 역시 기회비용을 잘 따져보니까 돈도 아끼고, 지수랑 즐거운 시간도 보내고! 완전… 일석이조잖아!" 나는 어깨를 으쓱이며 혼잣말을 했다.

집에 도착해서 용돈 기입장을 펼친 나는 뿌듯한 마음으로 오늘 지출 내역을 적었다. 샌드위치 재료비 12,000원. 영화관 데이트 대신 공원 데이트를 선택함으로써 무려 18,000원을 절약해 저축한 것이다!

'기회비용, 정말 대단한 개념이잖아!' 나는 속으로 감탄했다. 돈을 아끼는 것도 중요하지만, 어떤 선택을 하느냐에 따라 얻을 수 있는 만족감이 달라진다는 것을 깨달았다. 더더군다나 지금 저축한 18,000원은 그냥 18,000원이 쌓이는 게 아니라 저축을 하면 복리로 불어날 수도 있잖아?"

제경이는 민재 선배에게서 배웠던 복리이자 개념이 생각나 계산기를 두드려봤다.

"와! 연이율 5%로 10년을 저축하면 29,320원이 된다고? 10년 뒤엔 11,320원이 더 생기는 거잖아!"

합리적 소비, 행복만땅! 현명한 선택으로 뿌듯함 UP!

두 마리 토끼를 다 잡은 그날 밤, 나는 민재 형에게 메시지를 보냈다. "형, 오늘 기회비용 개념 써먹어 봤어요. 진짜 대박이에요! 돈도 아끼고 지수랑 더 좋은 시간 보냈어요. 감사합니다!"

민재 선배의 답장이 곧 도착했다. "잘했어, 제경아! 기회비용은 경제적인 선택뿐만 아니라, 인생의 모든 선택에 적용할 수 있는 중요한 개념이야. 앞으로도 현명한 선택을 하길 바란다!"

　나는 민재 선배의 따뜻한 격려에 힘을 얻었다. 돈은 단순히 아끼는 것이 아니라, 가치 있게 사용하는 것이 중요하다는 걸 깨달았기 때문이다.

　잠들기 전, 오늘 하루를 다시 한번 되새겼다. 돈 관리가 단순히 돈을 아끼는 것이 아니라, 내 삶의 가치를 높이는 것이라는 걸 깨달은 소중한 하루였다. '앞으로도 이렇게 현명한 선택을 할 수 있을까?'라는 생각과 함께 달콤한 꿈나라로 빠져들었다.

　용돈 기입장을 펼쳐 이렇게 적었다. '오늘은 기회비용 덕분에 행복한 하루를 보냈다. 돈보다 소중한 것이 있다는 것을 알게 되었다.'

　나는 용돈 관리를 통해 돈의 소중함뿐만 아니라, 현명한 선택의 중요성, 그리고 무엇보다 소중한 사람과의 관계를 더욱 돈독하게 만드는 방법을 배우고 있었다.

경제지식 한 스푼

Chapter 3-2: 데이트냐 저축이냐, 그것이 문제로다!

1. 기회비용이란?

기회비용(Opportunity Cost)이란 어떤 하나의 선택을 했을 때 포기해야 하는 다른 선택의 가치를 의미해요.

예를 들어,

영화관 데이트를 선택하면 저축할 기회를 포기하는 것.

아르바이트를 선택하면 친구들과 노는 시간을 포기하는 것.

학원을 갈까? 운동을 할까? 에서 운동을 선택하면 학원에서 공부할 기회를 포기하는 것.

용돈을 게임에 쓸까? 저축을 할까? 에서 게임을 선택하면 저축할 돈을 포기하는 것.

그래서 '최선의 선택'을 하기 위해서는 항상 기회비용을 고려해야 해요!

"내가 지금 이걸 선택하면, 다른 무엇을 포기해야 하지?"

"이 돈을 다른 곳에 쓰면 더 가치 있는 선택이 될까?"

"지금 소비하면 나중에 후회하지 않을까?" 하는 '생각 습관'을 가지면 좋아요.

2. 합리적 소비 습관 기르기

돈을 효율적으로 사용하려면 합리적인 소비 습관을 지녀야 해요.

< 똑똑한 소비자가 되는 법 >

- '필요한 것'과 '사고 싶은 것'을 구분하기
- 충동구매를 피하고자 하루만 더 고민하기
- 할인이나 이벤트에 현혹되지 않기
- 세일 기간에도 예산을 초과하지 않기

[추가 경제꿀팁] "행복한 소비를 만드는 3단계 법칙"

'소비'는 단순히 돈을 쓰는 것이 아니라, 나를 더 성장시키고 행복하게 만드는 과정이에요.

하지만 무의식적으로 소비하면 후회만 남을 수 있어요.
행복한 소비를 위해, 이 3단계를 꼭 기억해 보세요!

1. 구매 전, 3초 멈추기:

"이걸 사면 내가 진짜 행복할까?"
"지금 당장 필요한 걸까, 아니면 감정에 휩쓸린 걸까?"
사기 전에 3초 동안 스스로에게 질문해 보세요.

2. '경험'에 투자하기:

물건보다 경험을 사는 소비가 더 오래 행복을 줘요.
예를 들어, 값비싼 신발 대신 친구들과 함께하는 공연, 여행, 워크숍 참가 같은 경험에 투자해 보세요.

3. '나만의 소비 원칙' 만들기:

내 삶에 진짜 의미 있는 소비 기준을 정해보세요.

예: "한 달에 한 번, 나를 성장시키는 소비를 한다", "쓸 때마다 가성비보다 가심비를 고려한다" 등

💬 기억하세요:

행복한 소비는 통장의 숫자가 아니라, 나의 가치를 키우는 선택입니다!

Q 퀴즈 1.

기회비용이란 '어떤 선택을 했을 때 포기한 다른 선택의 가치'를 뜻한다. (O / X)

A. O (기회비용은 우리가 무언가를 선택할 때, 포기해야 하는 또 다른 기회의 '가치'를 말해요.)

Q 퀴즈 2.

'행복한 소비'란 나에게 의미 있는 것에 돈을 쓰는 것을 말한다. (O / X)

A. O (돈은 단순히 쓰는 것이 아니라, '가치 있는 행복'을 사는 도구예요.)

학교는 나의 캔버스!
학교를 무대로 부자 프로젝트 시동!

용돈만으론 부족해! 크라우드 펀딩으로 배짱 두둑하게 Start!

아무리 아껴 써도 용돈은 늘 부족하기 마련이다. 용돈 관리를 시작하기 전부터 느낀 사실이지만, 돈 관리를 하면 할수록 제경이는 물가의 고통을 온몸으로 체감하고 있었다.

"만 원, 이만 원 아껴 쓰는 건 이제 한계야! 좀 더 힙하게 돈을 벌 방법이 없을까?" 제경은 밤새도록 검색하며 미성년자가 돈을 벌 수 있는 방법을 찾아봤다. 아르바이트 외에도 중고 거래를 한다던가, 블로그를 운영한다던가, 온라인 콘텐츠를 제작하는 등 실제로 방법은 많았다, 하지만 이것들은 시간이 좀 걸리는 것들이었다.

그러던 중, 유튜브에서 '고등학생 창업 성공기'를 시청하며 번뜩이는 아이디어가 떠올랐다. 요즘 10대들 사이에서 '인생네컷' 사진이 대세라는 점에 착안해, 곧 있을 학교 축제에서 '우리 학교만의 특별한 인생네컷 부스'를 운영하기로 결심한 것이다.

하지만 문제는 '자금'이었다. 사진 촬영 장비, 다양한 소품, 눈길을 사로잡을 인테리어까지, 예상보다 많은 비용이 필요했다. 고민 끝에 제경은 요즘 트렌드인 크라우드 펀딩에 도전하기로 마음먹었다.

"여러분, 우리 학교 축제에서 잊지 못할 추억을 만들어줄 '인생네컷' 부스를 준비 중이에요! 여러분의 소중한 추억을 위해 적은 금액이라도 투자해 주시면 어떨까요?" 제경은 SNS에 재치 있는 홍보 영상을 올리고, 친구들에게 적극적으로 참여를 독려했다.

결과는 대성공이었다. 제경의 톡톡 튀는 아이디어와 열정에 감동한 학생들이 십시일반 돈을 모아준 덕분에, 목표 금액을 훌쩍 넘는 자금을 확보할 수 있었다. 이 경험을 통해 제경은 단순히 돈을 모으는 것을 넘어, 창의적인 아이디어와 소통의 중요성을 깨달았다.

크라우드 펀딩의 성공에 고무된 제경은 이제 본격적으로 '인생네컷' 부스 준비에 박차를 가했다. 친구들과 함께 독특한 프레임 디자인을 만들고, 학교를 상징하는 특별한 소품들을 준비했다. 심지어 부스 외부에 설치할 빔 프로젝터용 페이지까지 계획하며, 축제의 분위기를 한층 더 끌어올릴 준비를 했다.

제경의 이 프로젝트는 단순한 사진 부스를 넘어, 학생들의 창의력과 협동심을 키우는 값진 경험이 되었다. 그리고 무엇보다, 용돈 관리를 통해 배운 경제 개념들을 실제 프로젝트에 적용해 볼 수 있는 소중한 기회였다.

어벤져스, 디자이너 금손 소환으로 아이디어 뿜뿜!

든든한 자금 지원군을 얻은 제경은 지수, 민준과 함께 본격적인 부스 디자인에 착수했다. 세 사람은 각자의 재능을 살려 '인생네컷' 부스를 학교 축제의 핫플레이스로 만들기 위해 머리를 맞댔다.

지수는 뛰어난 그림 실력을 발휘해 학교의 상징인 벚나무를 배경으로 한 환상적인 포토존을 디자인했다. 연분홍 벚꽃잎이 흩날리는 모습을 섬세하게 표현한 배경은 마치 동화 속 한 장면 같았다. 민준은 특유의 유머 감각을 살려 학생들의 '인싸력'을 뽐낼 수 있는 재치 넘치는 문구들을 쏟아냈다.

"오늘, 나랑 인생샷 찍을 사람? 😎"

"이 구역 얼짱은 나야 나! 🤳"

"우리 학교 벚꽃보다 예쁜 건 너뿐이야 💕"

세 사람은 이런 문구들을 칠판에 적어 포토존 옆에 배치하기로 했다. 학생들이 원하는 문구를 골라 들고 찍을 수 있게 하면 더 재미있는 사진이 나올 거로 생각했기 때문이다.

하지만 모든 것이 순조롭게만 진행되진 않았다. 축제를 며칠 앞두고 예상치 못한 문제가 발생했다. 렌탈하기로 했던 사진 촬영 장비 업체에서 갑자기 연락이 두절된 것이다. 축제는 코앞으로 다가왔는데, 발만 동동 구르게 된 제경은 멘붕에 빠졌다.

"어떡하지? 이러다가 부스 운영 자체를 못 하는 거 아냐?"

그때, 민준이 묘안을 떠올렸다. "야! 우리 학교 사진 동아리 있잖아! 걔네들한테 같은 학교니까 협찬을 부탁해 보는 건 어때?"

제경의 눈이 번쩍 뜨였다. "맞다! 어떻게 그 생각을 못 했지? 민준아, 너 진짜 천재야!"

민준의 기지 덕분에, 제경은 사진 동아리 '셔터프렌즈'를 찾아가 상황을 설명하고 도움을 요청했다. 다행히 동아리 회장은 흔쾌히 협조를 약속했다.

"우리도 학교 축제를 더 재미있게 만들고 싶었는데, 이렇게 좋은 기회가 왔네. 고화질 카메라랑 조명 장비 다 빌려줄게. 대신 우리 동아리 로고를 부스에 걸어줬으면 좋겠어!"

이렇게 제경은 사진 동아리 학생들의 도움을 받아 촬영 장비를 무사히 확보할 수 있었다. 위기를 기회로 바꾼 제경과 친구들. 이제 그들의 '인생네컷' 부스는 더욱 완벽해질 준비를 마쳤다.

찰칵찰칵 셔터 소리, 돈 세는 소리!

드디어 축제 당일!

"어서 오세요! 한국 중 인생네컷 부스입니다! 힙스터 감성 제대로 느끼고 가세요!" 민준의 능수능란한 홍보에 부스 앞은 순식간에 인산인해를 이뤘다. 학생들의 기대에 찬 눈빛과 웃음소리가 공기를 가득 채웠다.

지수는 마치 전문 스타일리스트처럼 학생들의 머리카락 한 올 한 올을 정성스레 매만졌다. "자, 이렇게 하면 더 예쁘게 나올 거야. 소품은 이렇게 잡아봐!" 그녀의 섬세한 손길 덕분에 모든 사진이 '인생샷'으로 탄생했다.

제경은 촬영 장비를 점검하고 소품을 정리하며 부스의 심장 역할을 맡았다. "이 조명 각도로 하면 더 분위기 있어 보일 거야." 그의 꼼꼼함 덕분에 모든 것이 완벽하게 돌아갔다.

민준은 특유의 친화력으로 긴장한 학생들의 마음을 녹였다. "야, 너 방금 포즈 진짜 멋있었어! 한 번 더 해볼래?" 그의 유쾌한 농담에 부스 안은 웃음바다가 되었다.

학생들은 저마다의 개성을 뽐내며 다양한 포즈를 취했다. 귀여운 토끼 귀 소품을 쓴 친구들, 진지한 표정으로 책을 든 친구들, 친구와 어깨동무를 하고 환하게 웃는 모습까지. 모든 순간이 특별한 추억으로 남았다.

촬영이 끝나면 제경은 즉석에서 사진을 인화해 주었다. 그리고 정성스레 손 글씨로 메시지를 적어 전달했다.

"오늘, 너의 하루가 영화처럼 빛나길 바라!"

"힘든 일은 잠시 잊고, 웃는 일만 가득하길 응원할게!"

학생들은 제경의 따뜻한 마음이 담긴 메시지에 감동했고, 그 순간 제경은 이 모든 노력이 정말 값진 것이었음을 깨달았다.

밤이 깊어질수록 부스는 더욱 활기를 띠었다. 짭짤한 수익은 물론이고, 학생들의 행복한 표정을 보며 제경과 친구들은 뿌듯함을 느꼈다. 그들은 단순히 사진을 찍어주는 것이 아니라, 소중한 추억을 만들어주고 있다는 사실에 자부심을 느꼈다.

하지만 제경의 행복은 오래가지 못했다. 축제가 끝나고 며칠 후, 제경에게는 감당하기 힘든 슬픔이 닥쳐왔다.

Chapter 3-3:
학교는 나의 캔버스! 학교를 무대로 부자 프로젝트 시동!

1. 돈을 버는 다양한 방법 (청소년 창업과 크라우드 펀딩)

돈을 벌거나 모으는 방법에는 용돈을 아끼는 것 외에도 새로운 방법들이 많이 있어요.

< 학생들도 도전할 수 있는 돈 버는 방법 >

* 아르바이트 (법적으로 허용되는 범위 내에서)
* 중고 거래 (쓰지 않는 물건을 판매)
* 블로그, 인스타 등 콘텐츠 제작 크리에이터로서 정보제공
* 학교 내 소규모 창업 (축제에서 판매, 개인 재능 활용)
* 크라우드 펀딩(좋은 아이디어를 친구들과 공유하고 투자받기)

2. 크라우드 펀딩이란? (아이디어로 돈 모으기)

인터넷을 통해 아이디어나 프로젝트를 소개하고 사람들로부터 소액의 돈을 투자받아 사업 자금을 마련하는 방법이에요. 돈이 부족하다고 포기하지 말고, 창의적인 아이디어와 크라우드 펀딩을 활용해 필요한 자금을 마련할 수 있어요.

친구들과 학교 축제에서 멋진 추억을 만들어 줄 '인생네컷' 부스를 준비한 제경처럼, 재치 있는 홍보와 창의력을 더하면 목표 금액 이상의 성과를 얻을 수 있어요!

3. 창업을 시작하기 전에 알아야 할 것

< 창업을 하기 전에 고려해야 할 점 >

1. 아이디어가 있는가?

→ 남들과 차별화된 나만의 창의적인 생각이 필요함.

2. 수익 구조를 이해하는가?

→ 원가, 판매 가격, 예상 이익을 계산해 봐야 함.

3. 홍보 전략이 있는가?

→ SNS나 친구들에게 널리 알릴 방법이 필요함.

4. 목표와 계획을 설정했는가?

→ 단순한 재미가 아니라, 실제 수익을 목표로 해야 함.

[추가 경제지식]

"창업가 정신이란?"

창업가 정신(Entrepreneurship)은 문제를 해결하려는 도전 정신과 창의적인 사고방식을 의미해요. 단순히 돈을 벌기 위해서가 아니라, 사람들에게 도움이 되고 가치 있는 일을 한다는 마음가짐이 중요해요.

무너진 희망,
벼랑 끝에서 위기를 배우다

멈춰버린 시계, 흩어져버린 가족

"제경아… 아빠 가게… 문 닫게 됐어…"

어머니의 떨리는 목소리가 귓가에 맴돌았다. 제경은 망치로 머리를 얻어 맞은 듯 멍해졌다. 설마 했던 일이 현실로 닥친 것이다.

사실, 제경은 며칠 전부터 아버지의 얼굴이 어둡다는 것을 눈치채고 있었다. 밤늦도록 가게에 나가서 일하고, 집에 돌아와서는 깊은 한숨만 내쉬는 아버지의 모습이 안쓰러웠다. 하지만 애써 현실을 외면하고 싶었다.

아버지의 식당은 제경 가족의 전부였다. 아침 일찍 일어나 시장에서 신선한 재료를 구입하고, 밤늦도록 손님들을 맞이하는 아버지의 땀방울이 식당 곳곳에 스며들어 있었다. 제경은 식당에서 뛰어놀고, 공부하고, 꿈을 키우며 행복한 어린 시절을 보냈다.

하지만, 코로나19 팬데믹은 아버지의 식당을 덮쳤다. 손님들의 발길이 뚝 끊겼고, 매출은 곤두박질쳤다. 설상가상으로, 원자재 가격까지 폭등하면서 식당 운영은 더욱 어려워졌다.

엎친 데 덮친 격으로, 아버지는 무리하게 대출을 받아 새로운 메뉴를 개발했지만, 결과는 참담했다. 빚은 눈덩이처럼 불어났고, 결국 아버지의 식당은 문을 닫게 된 것이다.

'이제 우리 집은 대출을 어떻게 갚아야 하는 거지? 아버지는 대출이자 연체로 인해 신용 점수가 낮아지셨고… 다시 사업을 시작하신다 해도 신용 점수가 낮으시니 더 높은 이자로 돈을 빌려야 하실 거고, 그러다 또 잘못되면 더 끔찍한 결과가 초래될 수도 있겠구나.'

그날 밤, 제경은 가계부를 정리하면서 다짐했다.

'나중에 내가 사업을 하게 되면 꼭 대출과 신용을 잘 관리해야겠어!'

결국 우리 가족들은 뿔뿔이 흩어졌다. 아버지는 일자리를 찾아 막노동 현장으로 떠났고, 어머니는 밤낮으로 아르바이트를 하시며 생계를 이어갔다. 제경은 텅 빈 집에서 홀로 남겨져 절망과 슬픔에 잠겼다.

'이제 우리 가족은 어떻게 되는 걸까…?' 제경은 눈물을 글썽이며 텅 빈 방을 둘러봤다. 아버지의 굳은 얼굴, 어머니의 지친 어깨, 텅 비어버린 통장 잔고… 모든 것이 암담하게만 느껴졌다.

하지만, 제경은 좌절하지 않았다. '여기서 포기할 순 없어! 내가 할 수 있는 일이 분명 있을 거야!' 제경은 주먹을 불끈 쥐며 다짐했다.

짠돌이 정신 2.0, 위기를 기회로!

다음 날부터, 제경은 더욱 굳은 의지로 용돈 관리에 매진했다. 10원 한 푼

이라도 아껴 쓰기 위해, 등굣길 버스 대신 자전거를 탔고, 친구들과의 불필요한 약속도 줄였다. 점심 도시락도 어머니께 부탁드려 싸서 다니기로 했다.

뿐만 아니라, 제경은 집 안 곳곳에 숨어있는 '돈이 될 만한' 물건들을 찾아내기 시작했다. 안 입는 옷, 안 쓰는 책, 고장 난 전자제품… 닥치는 대로 중고 거래 사이트에 올려 팔았다.

심지어는, 친구들에게 용돈 관리 노하우를 알려주는 '1:1 맞춤 컨설팅'을 유료로 제공하기도 했다. 제경의 진심 어린 조언은 친구들 사이에서 입소문을 탔고, 덕분에 짭짤한 수입을 올릴 수 있었다.

'아무리 힘들어도, 학생으로서 본분을 잊으면 안 돼!' 제경은 공부도 게을리하지 않았다. 학교 수업에 적극적으로 참여했고, 틈나는 대로 도서관에서 책을 읽었다. 학원 수업을 듣는 대신, 인터넷 강의를 활용하며 학습 효율을 높였다.

아버지의 미소, 다시 피어나는 희망

제경의 노력은 조금씩 결실을 보기 시작했다. 용돈을 아껴 쓰고, 틈틈이 돈을 모은 덕분에, 꽤 많은 돈을 모을 수 있었다. 제경은 조심스럽게 어머니께 돈봉투를 내밀었다.

"엄마, 이건 제가 모은 돈이에요. 비록 얼마 안 되지만, 생활비에 보태 써주세요."

어머니는 눈물을 글썽이며 제경의 손을 잡았다. "제경아, 정말 고맙다… 네가 이렇게 컸다니… 공부만 해도 부족할 너에게 아르바이트까지 하게 해서 엄마가 너무 미안해. 네가 정말 자랑스럽다…."

"아니에요 엄마, 저는 지금의 이런 모든 일들이 우리 가족들을 더욱더 단단하게 묶어줄 거라고 생각해요, 그동안 제가 얼마나 편하게 살아왔었는지 알았어요. 그리고 직접 돈을 벌어보니 엄마 아빠께서 얼마나 힘들게 돈을 벌고 있는지도 알았어요, 그러면서 진짜 한 푼 한 푼 쓸 때마다 생각을 많이 하게 되었어요, 우리 가족들이 비록 힘든 시기를 겪고 있지만 전 배운 게 정말 많아요, 엄마께 든든한 아들이 될 수 있도록 노력할게요."

근래 들어 어머니와도 말할 기회가 별로 없었다, 봉투를 내미는 손까지 어색했을 정도였으니까 말이다. 어머니는 말없이 눈물만 훔치고 계셨다. 정말 처음으로 어머니의 어깨가 너무나 작고 좁으시단 생각이 들었다.

그날 저녁, 우리 세 가족은 정말 오랜만에 웃음꽃을 피웠다. 비록 어려운 상황은 여전했지만, 서로를 격려하고 위로하며 희망을 잃지 않았다.

며칠 후, 아버지에게 뜻밖의 소식이 전해졌다. 예전에 운영하셨던 식당 체인점 중 한 곳에서, 새로운 메뉴 개발을 도와달라는 제안이 들어온 것이다. 성공 보수도 나쁘지 않다고 하셨다. 아버지는 오랜만에 웃으며 제안을 수락하셨다.

"그래, 다시 한번 해보는 거야! 잃어버린 자신감도 되찾고, 제경아, 이 아빠가 열심히 해서 다시 일어설 수 있다는 것을 내게 꼭 보여주마!" 아버지는 굳은 의지를 다지며 새로운 도전을 준비하셨다.

제경은 아버지의 말씀에 감동했다. 사실은 아버지가 더 이상 마음고생하지 않으실 것을 생각하니 숨이 다 쉬어지는 기분이었다. '포기하지 않으면, 언젠가는 좋은 일이 생길 거야!' 제경은 더욱 힘을 내어 자신도 꿈을 향해 나아갈 것을 다짐했다.

그날 밤, 제경은 용돈 가계부에 이렇게 적었다.
'오늘은 아버지께 좋은 소식이 들려왔다. 우리 가족에게도 다시 희망이 찾아올 건가 보다.'

Chapter 3-4: 무너진 희망, 벼랑 끝에 서다

1. 가계 부채와 금융 위기란?

가계 부채란? → 가족이 빌린 돈(대출, 카드 빚 등)을 의미해요.

대출은 돈을 빌리는 좋은 수단이 될 수도 있지만, 신중하게 계획하고 빌린 돈을 갚는 능력을 확실히 파악하는 것이 중요해요. 특히 대출을 연체하면 신용 점수가 떨어져 나중에 돈을 빌릴 때 더 높은 이자를 부담해야 할 수도 있어요. 빚이 많아지면 감당하기 어려워지고, 결국 심각한 금융 위기가 올 수 있어요.

가계 부채를 줄이는 방법:

- 꼭 필요한 대출만 받기
- 대출이자를 미리 계산하고 감당할 수 있는지 따져보기
- 지출을 줄이고 저축하는 습관 기르기

2. 위기를 기회로 바꾸는 경제 마인드

경제적으로 어려운 상황이 오면 포기하는 것이 아니라, 해결책을 찾는 것이 중요해요.

< 어려운 상황에서 배울 수 있는 것 >

* 돈을 관리하는 능력
* 소비 습관을 개선하는 방법
* 새로운 돈을 버는 기회 찾기

[추가 경제 지식]

"돈이 없을 때 대처하는 법"

돈이 부족할 때는 대출이나 빚을 늘리기보다, 지출을 줄이고 수입을 늘리는 방법을 찾아야 해요.

'짠돌이 소비 습관'이 오히려 나중에는 큰 도움이 될 수 있어요!

★ Part3 깜짝미션!

미션 3 지금 갖고 싶은 물건을 떠올리고, 그 물건을 사는 대신 저축을 하면 느낌이 어떨지 생각해 봅시다.

Q 퀴즈 1.

가계 부채란 가족이 벌어들인 수입을 뜻하는 말이다. (O / X)

A. X (가계 부채는 '가족이 빌린 돈'을 말해요. 수입이 아니라 '빚'이죠!)

Q 퀴즈 2.

경제 위기를 겪을 때는 포기하지 말고 문제 해결 방법을 찾는 것이 중요하다. (O / X)

A. O (위기를 기회로 바꾸는 마인드가 경제적으로 단단한 사람이 되는 비결이에요!)

PART 4

새로운 꿈을 향해,
경제 히어로를 꿈꾸다!

경제 동아리,
뇌섹남녀들의 아지트에 입성하다!

경제동아리 면접, 나 떨고 있니? (3차)

태풍 같았던 중3 1년이 눈 깜짝할 사이에 지나가고, 나는 운 좋게도 지수와 같은 고등학교에 진학했다. 힘든 가운데서도 포기하지 않고 버틴 시간들이 결국 우리를 같은 곳에 데려다준 셈이었다. 학기 초라 점심 시간은 다들 동아리 신청 얘기에 여념이 없었다.

"너 경제 동아리 넣었어?"

"응. 오늘 아침에 냈지. 너는?"

"아직… 뭔가 좀 부담돼서."

'이코노 브레인즈'라는 이름부터가 벌써 센 느낌이었다. 공고에는 면접이 있다고 쓰여 있었고, 지원자 절반은 그거 하나 보고 바로 돌아섰다. 근데 제경이는 고민 끝에 신청서를 냈다.

'솔직히⋯ 여기 안 들어가면 고등학교에서 뭐로 나를 증명하지?'

중학교 3학년 때 집안 사정이 기울면서 용돈이 끊겼다. 그때부터 제경이는 돈이란 게 단순한 '물건 사는 도구'가 아니라, '삶의 선택지를 바꾸는 힘'이라는 걸 실감했다.

면접 날. 제경은 와이셔츠를 다려 입고, 등교도 한 시간 일찍 했다. 긴장 탓인지 입이 바짝 말랐고, 소회의실 앞에서 심장이 고장 난 듯 뛰었다.

문을 열자, 다섯 명의 선배가 앉아 있었다. 그 중엔 전교 1등 박지석도 있었다. 앉으라는 말에 조심스럽게 의자에 앉은 순간, 긴장감이 목을 조이기 시작했다.

"한제경 학생, 들어오세요."

첫 질문이 날아왔다.

"경제에 관심을 가지게 된 계기는 뭐죠?"

제경은 숨을 한 번 들이쉬었다.

"중학교 3학년 때, 집안에 좀 문제가 생겼어요. 용돈이 끊기고, 처음으로 돈을 벌어 봤죠. 그때 깨달았어요. 돈이 없으면, 진짜⋯ 아무것도 못 한다는걸요."

잠깐의 정적. 고개를 끄덕이는 선배들이 보였다. 하지만 바로 다음 질문이 이어졌다.

"그럼, 지금 한국 사회에서 가장 시급한 경제 문제는 뭐라고 생각하나요?"

'헉, 이건… 중학생 문제집에도 없던데.'

제경은 머릿속을 풀가동했다. 교과서에서 본 내용, 유튜브에서 들은 이야기, 아빠가 뉴스 보면서 했던 말까지 다 떠올렸다.

"…청년 실업이요. 일자리는 줄고, 대학 나와도 취업은 어렵고… 자동화도 영향을 주는 것 같고요."

선배 한 명이 피식 웃었다. 조금은 놀랐다는 듯한 표정. 그런데 그 뒤에 나온 질문이 더 강력했다.

"혹시 너, 경제 공부 따로 해봤어?"

"가계부는 1년 썼고요, 책도 몇 권 읽었어요. 수입 하나 없는 상황에서 예산 짜는 거, 진짜 어려워요. 근데 덕분에 많이 배웠어요."

잠시 정적. 선배들 사이에서 '괜찮다'는 눈빛이 오갔다.

그때까지 말이 없던 박지석이 처음으로 입을 열었다. 차분하고 느릿한 말투였다.

"너한테 돈이란 뭐야?"

질문이 너무 뜬금없어서, 잠깐 머리가 멈췄다. 근데 이상하게, 쉽게 대답하고 싶지 않았다. 제경은 조심스럽게 말했다.

"…무서운 거요. 갖고 싶기도 하고, 없으면 불안하고… 근데 제대로 모르니까 더 불안해요. 그래서 알고 싶어요. 똑바로."

잠시 침묵. 그리고 지석이가 고개를 끄덕였다.

"좋아. 나는 됐어."

면접이 끝나고 회의실을 나서는 순간, 제경은 등에 땀이 찬 걸 느꼈다. 창피할 정도로 긴장했지만, 뭔가 하나 해냈다는 느낌이 들었다.

'그래. 이 정도면⋯ 괜찮았어.'

다음 날 점심시간. 게시판에 붙은 명단을 확인하던 순간, 네 번째 줄에서 '한제경'이라는 이름을 발견했다. 심장이 '쿵' 하고 한 번 세게 뛰었다. 입꼬리가 저절로 올라갔다.

'됐어. 이제 진짜 돈 공부, 시작이다.'

Chapter 4-1.1: 경제동아리 면접, 나 떨고 있니?

1. 경제란 뭘까? 내가 사는 세상의 기본 원리!

'경제'는 어렵고 복잡한 개념 같지만, 사실은 우리 일상과 아주 가까이 있어요. 간단히 말하면, '한정된 자원을 어떻게 나누고 사용하는가?'에 대한 모든 활동을 경제라고 해요.

예를 들어,

* 오늘 점심으로 돈까스를 먹을지 햄버거를 먹을지
* 용돈으로 책을 살지 영화 보러 갈지를 고민하는 것

이런 선택들도 전부 경제 활동이에요!

2. 경제학의 두 가지 큰 축 - 미시경제와 거시경제

면접 질문에 나올 수 있는 핵심 개념이에요!

① 미시경제(Microeconomics)

→ 개인, 가계, 기업처럼 '작은 단위'의 경제 활동을 다뤄요.

예: 내가 왜 이 제품을 사게 됐는지, 기업이 왜 가격을 올리는지 등

② 거시경제(Macroeconomics)

→ 나라 전체의 경제 흐름을 보는 거예요.

예: 실업률, 물가, 환율, 금리, 경기 침체 등

3. 면접에서 경제 질문이 나왔을 때 이렇게 생각해 보자!

면접에서 '경제 문제에 대해 어떻게 생각하냐?'는 질문을 받았다면,

① 먼저 주제를 정확히 이해하고

② 자신의 경험이나 생각을 솔직하게

③ 현실적인 사례와 연결해서 이야기하면 좋아요.

예: 청년 실업은 단순히 개인의 문제가 아니라, 사회 전체가 함께 고민해야 할 문제라고 생각해요. 저도 아르바이트를 구하는 과정에서 느낀 점이 많은데요…

4. 경제 공부의 시작은 '현실을 이해하려는 마음'에서!

경제는 단순히 문제집이나 개념 암기를 잘한다고 끝나는 과목이 아니에요. 뉴스를 보고, 현실을 고민하고, 내 삶과 연결 지으려는 '태도'가 가장 중요해요.

Q 퀴즈 1.

다음 중 '거시경제'에 해당하는 주제를 고르세요.

① 친구와 간식값을 반씩 내기로 한 일

② 물가가 오르고, 실업률이 높아진 현상

③ 내가 어떤 옷을 살지 고민하는 일

④ 오늘 점심으로 돈까스를 먹을지 고민한 것

A. ② 물가가 오르고, 실업률이 높아진 현상 (거시경제는 나라 전체의 경제 흐름을 보는 거예요!)

모의투자 게임: 내가 투자 천재라고?

경제 동아리 첫 활동은 예상보다 훨씬 실전적이었다. 첫 모임 날, 동아리 회장이 노트북 화면을 공유하며 말했다.

"이번 학기 첫 프로젝트는 '모의투자 게임'입니다. 주어진 가상 자산 1백만 원으로 한 달간 투자 수익률을 겨뤄볼 거예요."

제경은 눈을 번쩍 떴다.

'주식…? 난 뉴스 보면서 주가 그래프만 봐도 머리가 아픈데.'

하지만 막상 시작해 보니 은근히 재미가 있었다. 처음엔 뭘 사야 할지 몰라 멍하니 시장을 쳐다봤지만, 인터넷을 뒤져가며 기업 뉴스도 보고, 유튜브에서 '초보자용 가치 투자' 영상도 찾아봤다.

"삼성전자 사야 돼. 무조건."

"야야야, 지금은 AI 관련주가 대세야. 그쪽으로 가자."

주변 친구들의 말을 듣고 따라 사고 싶었지만, 제경은 달랐다. 중학생 때 가계부를 쓰며 다져온 '짠돌이 DNA'가 작동했다.

'싼 종목, 안정적인 회사, 실적 꾸준한 곳… 그런 기업 위주로 가보자.'

그렇게 첫 주엔 몇 번의 매수 실수를 겪고 나서야 감이 잡히기 시작했다. 주가는 오르기도 하고 떨어지기도 했지만, 이상하게 손실보다 '이유 없는 수익'이 더 불안했다.

"왜 샀는지도 모르는데, 올라버리면… 운이었나? 실력이었나?"

매일 아침 경제 기사를 읽고, 기업 분석 리포트를 정리하며 기록을 남겼다. 점점 '감'보다는 '근거'를 기반으로 투자 결정을 내릴 수 있게 됐다.

3주 차가 지나자, 동아리 내에서 수익률 상위권에 제경의 이름이 오르기 시작했다. 갑자기 친구들이 다가와 묻기 시작했다.

"야, 무슨 종목 샀길래 그렇게 떴냐?"

"너 혹시 내부자 정보 있는 거 아냐?"

"그럴 리가." 제경은 웃으며 말했다.

"그냥… 뉴스 좀 보고, 공부 좀 했어."

그 말에 친구들이 피식 웃었지만, 사실이었다.

마지막 주, 제경은 결정을 앞두고 고민에 빠졌다.

'이대로 팔고 수익을 확정 지을까, 아니면 더 기다려볼까?'

곰곰이 생각한 끝에, 그는 조용히 이익 실현 버튼을 눌렀다. 그리고 손에 든 건 최종 수익률 +12.7%.

'에이, 겨우 이 정도로 뭘.'

그렇게 생각했는데, 결과 발표에서 제경의 이름이 1등 칸에 올라 있었다.

동아리 선배가 칭찬을 아끼지 않았다.

"야, 이거 실전이었으면 월급보다 많이 번 거야. 괜찮은데?"

제경은 쑥스러워 고개를 긁적이며 웃었다. 처음에는 가상 게임처럼 시작했지만, 끝날 무렵엔 진짜 돈처럼 행동하고 있는 자신을 발견했다.

그리고 무엇보다 중요한 걸 깨달았다.

"투자는 감이 아니라 준비였고, 무조건 수익보다 '내가 왜 샀는지 설명할 수 있는가? 가 핵심이었다."

그날 밤, 제경은 노트에 이렇게 적었다.

"수익률보다 중요한 건, 내가 한 선택을 설명할 수 있는 근거가 있는가."

"모의투자였지만, 내 선택 하나하나에 의미가 있었다. 그게 바로 '진짜 공부'였다."

Chapter 4-1.2: 모의투자 게임 - 내가 투자 천재라고?

1. 투자는 돈을 '쓰는 것'이 아니라 '자라게 하는 것'이에요

투자는 단순히 돈을 쓰는 게 아니에요. 돈을 '어디에, 어떻게 넣느냐?'에 따라 그 돈이 더 커지기도 하고, 줄어들 수도 있어요. 모의투자 게임은 실제 돈을 쓰지 않지만, 진짜처럼 투자 감각을 기를 수 있는 좋은 방법이에요.

2. 주식은 '회사에 돈을 빌려주는 계약'이에요

우리가 주식을 산다는 건, 그 회사의 주인이 '조금' 되는 거예요. 회사가 돈을 벌면 내 주식의 가치도 올라가고, 회사가 손해를 보면 주가가 떨어지기도 해요. 그래서 주식은 늘 '위험'과 '기회'를 함께 가지고 있어요.

3. 수익률 = 내가 얼마나 이익을 봤는지를 보여주는 숫자

예를 들어, 10,000원으로 주식을 샀는데 나중에 12,000원이 됐다면? 수익률은 +20%예요. 반대로 8,000원이 되면 -20%겠죠.
모의투자에서 수익률을 비교해 보면, 누가 더 안정적으로, 전략적으로 투자했는지 확인할 수 있어요.

4. 투자에서 가장 중요한 건 '정보 + 판단력'

친구 따라 샀다가 손해 보는 경우도 많아요. 회사의 실적, 뉴스, 산업 전망 등을 스스로 조사하고 '왜 이 회사를 선택했는지' 이유를 생

각해 보는 게 정말 중요해요. 모의투자일수록 연습 삼아 분석과 판단력을 훈련해 보면 좋아요.

Q 퀴즈 1.

주식을 산다는 건, 그 회사의 주인이 조금 되는 것이다. (O / X)

A. O (주식을 사면 그 회사에 '투자'한 것이고, 회사가 돈을 벌면 내 주식 가치도 올라가요!)

Q 퀴즈 2.

다음 중 '투자 수익률'이 가장 높은 경우는?

① 1만 원으로 산 주식이 1만 5천 원이 되었을 때
② 1만 원으로 산 주식이 1만 2천 원이 되었을 때
③ 1만 원으로 산 주식이 9천 원이 되었을 때
④ 1만 원으로 산 주식이 그대로일 때

A. O ① 1만 원 → 1만 5천 원 : 수익률 +50% (수익률은 투자한 금액 대비 얼마나 이익을 봤는지를 나타내는 퍼센트예요!)

같은 교실, 다른 세상

같은 반 친구인데 사는 세상이 다르다고?

한국 고등학교에 입학한 지 두 달이 지났다. 제경은 여전히 이 화려한 학교가 낯설기만 했다. 겉모습만 봐도 이 학교 아이들의 삶이 자신과는 전혀 다른 세계라는 게 느껴졌다. 학교 운동장 옆 주차장엔 늘 외제 차들이 줄지어 있었고, 누군가는 최신 휴대폰으로 신상 스니커즈를 찍어 SNS에 올렸고, 누군가는 학교 앞 카페에서 마카롱을 포장해 와 단체로 돌렸다. 교실 창밖으로 보이는 풍경이 제경에겐 아직 낯설었다. 누군가에게는 당연한 일상이었겠지만, 제경에겐 그림 같은 먼 이야기일 뿐이었다.

"야 민준아, 저 운동화 뭐야? 진짜 멋지다!"

"응? 이거? 아빠가 출장 다녀오면서 사오셨어. 한 50만 원쯤 한대."

민준은 무심하게 웃었지만, 제경의 마음은 덜컥 내려앉았다.

'와… 운동화 하나가 50만 원이라고? 난 작년에 할인점에서 산 운동화 아직도 신고 있는데…'

순간, 말없이 자기 운동화를 내려다보았다. 까진 가죽, 눌린 뒤꿈치, 묘하게 선명한 세탁 자국들. 괜찮다고 생각했던 운동화가 갑자기 초라해 보였다.

'괜히 말 걸었나... 민준이도 내가 뭘 비교하고 있다고 생각했을까?'

이런 마음이 들자 얼굴이 뜨거워졌다. 부러움, 자책, 서운함이 뒤엉켜 속이 울렁거렸다.

그런데 이게 끝이 아니었다. 돌아보니 민준 옆에 있던 친구가 말없이 새로 산 태블릿을 꺼내 들었다. 그 순간, '사는 세상이 다르다'는 말이 제경의 가슴에 콱 박혔다.

'내가 왜 이런 걸로 위축되고 있지?' 하면서도, 마음 한편은 어쩔 수 없이 작아졌다.

그날 오후, 지수가 다가와 물었다.

"제경아, 이번 주말에 민준이 생일 파티 하러 간다며?"

"글쎄… 고민 중이야."

"왜?"

"그냥… 너무 부담스러워서."

지수는 제경의 얼굴을 한참 바라보다가 고개를 끄덕였다.

"알아. 솔직히 나도 그 파티 좀 무섭긴 해."

토요일, 제경은 결국 파티에 참석했다. 장소는 강남의 한 고급 호텔의

파티룸 같은 곳이었다. 엘리베이터 문이 열리자, 향수 냄새와 번쩍이는 실내 장식이 눈앞에 펼쳐졌다. 누군가는 꽃다발을 들고, 누군가는 쇼핑백을 몇 개씩 안고 있었다.

"야, 너도 왔구나!"

친한 친구가 반겼지만, 바로 뒤에서 이런 말이 들렸다.

"야, 쟤 아까 걔 아냐? 명품 아니고 짝퉁 들고 다닌다고 했던 그 애?"

제경은 움찔했다. 그 가방… 지하상가에서 산 건데. 그 말이 내 얘기라면? 순간 얼굴이 달아올랐다.

"에이, 무슨 소리야. 아닌 것 같은데."

지수가 급히 나서서 웃으며 말했지만, 제경은 이미 마음이 꺾였다.

그날 밤, 제경은 방에 들어와 책상에 가방을 내려놓았다. 한참을 바라보다가 조용히 중얼거렸다.

"왜 이렇게 초라해 보이지…"

중학교 땐, 그냥 가방이면 됐다. 근데 지금은, 그 가방이 '나를 말해 주는' 기준이 되어버린 느낌이었다.

돈 많은 친구들 사이에 끼어 있는 느낌. 내가 가진 것, 쓰는 것, 입는 것 하나하나가 '나'의 가치로 환산되는 것 같은 기분. 어쩌면 현실에서 내가 작아진 게 아니라, 내가 나를 그렇게 느끼는 걸지도 몰랐다.

다음 날, 지수가 다가와 조용히 말했다.

"어제 일, 너무 신경 쓰지 마. 쟤네 그냥 말 실수한 거야."

"신경 안 쓰려고 해도, 신경 써지더라."

제경은 한숨을 쉬었다.

"…내가 괜찮다고 생각했던 것들이 갑자기 너무 초라해 보였어."

그 말에 지수는 살짝 미소 지으며 말했다.

"이 가방 봐. 중고마켓에서 산 거야. 딱 만 원. 나도 너처럼, 그냥 실용적인 거 고른 거야."

제경은 놀라서 지수의 가방을 쳐다봤다. 깔끔했다. 튀지 않았지만, 단정하고 어울렸다.

"사람들이 진짜로 보는 건 그 사람이 어떻게 드는지야. 자신감 있게 드는 사람 앞에선 아무도 브랜드 묻지 않아."

그 말을 듣는 순간, 제경은 뭔가가 툭 하고 풀리는 기분이 들었다. 비싼 물건이 나를 더 나아 보이게 만들진 않는다. 결국 나를 나답게 보여주는 건 내 태도와 내 선택이라는 걸 깨달은 거였다.

창가에 앉은 제경은 잠깐 가방을 바라봤다. 어제보다 더 빛나 보였다. 그건 단지 낡은 가방이 아니라, 내가 고른 가방이고, 내 이야기와 함께 있는 물건이었다.

그리고 그걸 안 순간, 제경은 조금 더 자신 있게 교실을 바라볼 수 있었다.

Chapter 4-2.1: 같은 반 친구인데 사는 세상이 다르다고?

1. '소득 격차'란 무엇일까?

소득 격차는 사람들이 벌어들이는 돈의 차이를 말해요. 같은 나이, 같은 지역에 살아도 직업의 유형이나 자산에 따라 버는 돈의 크기는 다 달라져요. 그리고 사람마다 가진 돈과 상관없이 쓸 수 있는 돈, 경험할 수 있는 기회도 다 달라요. 이 모든 게 쌓이면서 삶의 질이나 진로 선택에서도 많은 차이가 생기게 된답니다.

2. 소비 수준은 곧 삶의 '기준'이 되기 쉽다

비싼 옷, 최신폰, 명품 가방이 주변에서 너무 당연한 것처럼 보이면 나도 모르게 그게 '정상'처럼 느껴져요. 그러면 그 수준에 맞추지 못하는 자신이 '뒤처졌다'고 느끼기 쉬워요. 하지만 '소비 기준'은 절대 모두에게 같을 수 없어요. 중요한 건, 나에게 맞는 소비를 하는 거예요.

3. 상대적 박탈감이 생길 수 있어요

다른 사람의 부유한 삶을 보고 '왜 나만 이렇게 부족할까?' 하고 느끼는 마음을 '상대적 박탈감'이라고 해요. 이 감정은 누구나 느낄 수 있지만, 지나치면 자존감이 낮아지고, 무기력해질 수도 있어요.

4. 진짜 자존감은 '비교'에서 나오지 않아요

돈이 많고 없고는 내가 선택할 수 없는 부분이지만, 어떤 태도로 살아 가느냐는 내가 정할 수 있어요. 소비가 아니라 '내가 만든 가치'로 자신을 바라볼 수 있을 때 진짜 자존감이 생긴답니다.

Q 퀴즈 1.

소득 격차는 사람들이 가진 성격 차이를 말한다. (O / X)

A. X (소득 격차는 사람들이 벌어들이는 돈의 차이를 의미해요. 같은 나이여도 직업 이나 환경에 따라 소득은 달라질 수 있어요.)

Q 퀴즈 2.

다른 사람의 삶을 보고 '나는 왜 이렇게 부족하지?'라고 느끼는 감정을 무엇이라고 하나요?

A. 상대적 박탈감 (상대적 박탈감은 남과 비교하면서 생기는 박탈감이에요. 하지만 이 감정에 너무 휘둘리면 자존감이 흔들릴 수 있으니 조심해야 해요!)

Q 퀴즈 3.

비싼 옷과 최신폰이 없다고 해서 내가 뒤처진 것은 아니다. (O / X)

A. O (진짜 자존감은 소비에서 오는 게 아니라, 내가 만든 가치에서 생겨요. 나에게 맞는 소비 기준을 세우는 게 더 중요하답니다.)

그 애가 무너지는 걸 봤다

그 애는 언제나 완벽했다. 명품 후드티, 반짝이는 운동화, 세련된 말투, 여유로운 미소. 교내 방송부에, 전교 회장 후보, SNS에선 늘 인기 순위 상위권. 누가 봐도 부잣집 아들이었고, 솔직히 제경도 가끔은 부러웠다.

"유건이네 집 진짜 미쳤대. 복층에 피아노 룸까지 있고, 외제 차도 두 대래."

"걔 엄마, 강남에서 병원 운영하신다며?"

"응, 아빠는 스타트업 대표래. 기사에도 나왔대."

그런데 이상했다. 늘 웃고 있는 유건을 볼 때마다 어딘가 너무 잘 정돈된 느낌이 들었다. 마치 어른들 앞에서 연기하듯, 늘 무너짐 없는 표정과 말투. 그게 왠지 '어색할 정도로 괜찮아 보이는' 그런 느낌이었다.

그러던 어느 날. 본관 뒤편 벤치에 혼자 앉아 있는 유건을 봤다. 고개를 푹 숙이고 어깨가 들썩이고 있었다. 다가가려다 멈췄다. 눈물이 볼을 타고 흐르고 있었고, 휴대폰 화면엔

[엄마: 너 또 시험 망친 거야?]
[아빠: 너 이럴 거면 그만둬]
라는 메시지가 줄줄이 떠 있었다.

"유건아… 괜찮아?"

제경이 조심스럽게 물었다. 유건은 깜짝 놀라 눈을 닦고, 급하게 웃었다.

"괜찮아… 아니, 아니지. 안 괜찮아. 근데 괜찮은 척해야 해."

"…왜?"

"그래야… 엄마 아빠가 안 싸우거든."

제경은 말을 잃었다.

유건은 한참 침묵하다가 천천히 말을 이었다.

"어릴 땐 괜찮았어. 근데 중학교쯤부터 계속 그랬어. 시험 못 보면 엄마는 그날 아빠랑 꼭 싸워. 아빠는 '네가 너무 강하게 키워서 그래' 그러고, 엄마는 '당신이 무관심해서 애가 이러잖아' 하면서 서로 떠넘겨."

"…그래서 네가…"

"맞아. 내가 잘하면… 그나마 집이 조용해져. 근데 나도 힘들잖아. 그래서 친구들 앞에선… 그냥, 잘 사는 척이라도 하고 싶었던 거야."

그 순간 제경은 유건이 그 명품 옷, 비싼 시계, 깔끔한 말투 뒤에 얼마나 외로운 마음을 감추고 있었는지 알게 됐다.

"솔직히… 제일 부러운 건, 엄마 아빠랑 같이 밥 먹는 친구들이야."

유건은 작게 웃으며 말했다.

"우리 집은… 돈은 넘치는데, 말은 없어. 스케줄표랑 통장만 남아 있어."

그날 밤, 제경은 오랫동안 혼잣말을 중얼거렸다.

'나는 항상… 쟤가 너무 부러웠는데.'

하지만 지금은 '쟤는 쟤대로, 나보다 더 외로웠을지도 몰라.'라는 생각이 들었다.

공부를 잘해도, 돈이 많아도, 부모가 있어도, 진짜 필요한 게 없으면 사람은 무너질 수밖에 없구나.

그런 의미에서 제경은, '나는 가난하지만… 그래도 누군가의 온기는 받고 있었구나.'라는 걸 깨달았다.

'그거 하나로도, 나는 꽤 괜찮은 인생을 살고 있었는지도 몰라.'

Chapter 4-2.2: 그 애가 무너지는 걸 봤다

1. 부(富)는 돈만 많다고 완성되지 않아요

'부자'라고 하면 돈 많은 사람을 떠올리지만, 진짜 부자는 경제력 + 감정적인 안정감 + 관계 속의 건강함이 함께 있어야 해요. 돈이 많아도 집안이 늘 싸우거나, 누구에게도 기대지 못한다면 그건 완전한 '풍요'라고 하긴 어려워요.

2. 경제적 여유가 감정의 여유를 보장하진 않아요

돈이 많다고 해서 항상 행복한 건 아니에요. 오히려 부모님의 기대, 과한 학업 압박, 비교, 고립감 등으로 정서적 외로움이나 심리적 피로를 더 크게 느낄 수도 있어요.

3. 감정노동과 '괜찮은 척'의 경제적 그림자

가끔 사람들은 자신이 무너지지 않았다는 걸 증명하려고 겉모습을 더 꾸미고, 말투를 다듬고, '나는 아무렇지 않다'는 연기를 하기도 해요. 이런 걸 감정노동이라고 해요. 돈으로 멋진 외형은 만들 수 있어도, 속마음을 숨기는 데에는 비용보다 더 큰 에너지가 소모돼요.

4. 진짜 자산은 '받아주는 관계'에서 시작돼요

비싼 물건, 좋은 환경도 중요하지만 나를 이해해 주는 사람, 진심으로 말할 수 있는 사람이 있다는 건 어떤 부보다 큰 힘이 돼요. 재경처럼 누군가의 진심을 알아봐 주는 친구가 있다는 것, 그 자체가 마음의 안전망이 되는 거예요.

Q 퀴즈 1.

"진짜 부자"는 돈이 많기만 하면 완성된다. (O / X)

A. X (돈뿐 아니라 감정의 안정과 관계의 건강함까지 갖춰져야 진정한 부자예요.)

Q 퀴즈 2.

속으로는 지치고 힘들지만 겉으로는 괜찮은 척하는 행동을 무엇이라고 하나요?

A. 감정노동 (감정노동은 마음의 피로를 숨기기 위해 억지로 밝게 행동하는 것을 말해요.)

Q 퀴즈 3.

다음 중 진짜 자산에 해당하는 것은 무엇인가요?

① 고급 명품 가방
② 프리미엄 학원 수강권
③ 마음을 털어놓을 수 있는 친구
④ 최신 스마트폰

A. ③ (진짜 자산은 물건이 아니라, 나를 진심으로 이해해주는 관계 속에 있어요.)

부러움을 넘어서, 존경하게 된 친구

"민서 봤어? 그 집 진짜 대기업이던데."

"응, 아빠가 중소기업 키워서 상장시켰대. 뉴스에도 나왔었어."

"근데 걔는 왜 맨날 똑같은 옷만 입고 다니냐?"

제경은 교실 한편에서 들려오는 그 말을 흘려들었다. 고등학교 입학하고 나서 몇 번 마주친 이민서라는 아이는 깔끔하지만 단정한 스타일, 늘 같은 운동화, 말수는 적지만 예의 바른 아이였다. 부자 같진 않았다. 오히려 소박해 보였다.

동아리 발표 준비를 하던 날, 민서가 발표 주제를 먼저 꺼냈다.

"나는⋯ 기업의 사회적 책임에 관해 이야기해 볼까 해."

친구들이 "갑자기?", "너 경제과 교수냐?" 하고 웃었지만, 민서는 담담했다.

"우리 아빠가 항상 말해. 기업은 돈 버는 기계가 아니라, 사람이 살아갈 환경을 만드는 책임이 있는 존재라고."

제경은 그 순간, 민서를 다시 보게 됐다.

발표날. 민서는 칠판 앞에 서서 조용한 목소리로 이야기를 시작했다.

"제 이름은 이민서입니다. 저희 아버지는 작은 철강 회사를 운영하셨고, 지금은 상장기업의 대표이십니다. 하지만 제가 자랑하고 싶은 건 돈이 아니라, 그 돈을 어디에, 왜 쓰는지를 고민하는 아버지의 생각입니다."

교실이 조용해졌다.

"저희 아버지는 매년 수익의 일부를 장학재단에 기부하시고, 지역에 무료 급식소도 운영하세요. 직원 복지도 신경 쓰고, 회사 건물 지을 때도 환경영향평가를 직접 챙기십니다."

민서는 고개를 들고 말했다.

"전에도 한번 물어봤어요. '왜 굳이 그렇게까지 하냐'고. 그랬더니 아버지는 이렇게 말씀하셨어요."

"돈은 그걸 제대로 쓸 줄 아는 사람 손에 있을 때, 사람도 살리고 사회도 살리고, 나라까지 바꿀 수 있는 힘이 돼. 그리고 그런 일은… 가진 게 많은 사람일수록 더 앞장서야 하는 거야."

그 말을 듣는 순간, 제경은 가슴이 묘하게 울렸다. 부자라고 다 같은 부자가 아니었다. 누군가는 가진 걸 숨기고, 누군가는 가진 걸 자랑하고, 그런데 이민서는 가진 걸 책임지려 했다.

발표가 끝난 뒤, 제경은 민서를 따라가 말을 걸었다.

"너… 진짜 멋있다."

민서는 머쓱하게 웃었다.

"멋있는 건 아니고… 그냥, 나도 그런 어른이 되고 싶어서."

"너도 나중에 회사 물려받을 거야?"

"그럴 수도 있고 아닐 수도 있지. 중요한 건, 그걸 어떻게 쓸 건지 고민하는 거 같아."

"…와, 진짜 너랑 말하다 보니까 내가 막 부끄러워지려고 해."

"왜?"

"나는 그냥, 돈 생기면 뭐 살까부터 생각하거든."

민서는 웃었다.

"나도 그래. 근데… 생각해 보면, 어디에 쓰는지가 결국 내가 어떤 사람인지를 말해주는 것 같아."

그날 이후, 제경은 '부자'라는 단어를 다시 생각하게 됐다.

예전엔 '부자는 부럽다'였고, 조금 전까진 '부자도 힘들 수 있다'였는데, 이제는 이렇게 느껴졌다.

"부자도 존경받을 수 있구나."

Chapter 4-2.3: 부러움을 넘어서, 존경하게 된 친구

1. 진짜 부자란 어떤 사람일까?

돈이 많다고 모두 '존경받는 부자'가 되는 건 아니에요. 어떻게 벌고, 어떻게 쓰는지를 고민하는 사람이 진짜 부자예요. 가진 돈을 자신만을 위해 쓰기보다, 주변 사람들과 함께 나누고 사회에 기여할 줄 아는 태도가 중요하죠.

2. 기업의 사회적 책임(CSR)

CSR은 기업이 돈을 버는 것에만 집중하지 않고, 환경, 지역사회, 복지, 교육 등에도 책임을 갖고 행동하는 것을 말해요. 예를 들어, 어떤 회사가 지역 무료급식소에 기부하고 직원 복지를 챙기고 환경오염을 줄이는 기술을 개발한다면 그건 좋은 CSR 활동이에요.

3. 노블레스 오블리주란?

'높은 위치에 있는 사람일수록 더 큰 책임을 져야 한다'는 뜻이에요. 많은 부와 권력을 가진 사람일수록 그 혜택에 걸맞은 '의무'도 있다는 걸 잊지 않아야 해요. 민서처럼 이런 가치를 배우고 실천하려는 친구가 있다면, 정말 멋진 어른이 될 수 있겠죠.

4. 돈보다 중요한 건 '어떤 사람이 되느냐'예요

돈을 많이 버는 것도 멋진 목표지만, 그 돈으로 어떤 영향력을 줄 수 있는지까지 고민해 보면 더 멋져요. 청소년 때부터 '나중에 어떤

경제 활동을 하며 살아갈지' 한 번쯤 진지하게 상상해 보는 게, 진짜 경제 공부의 시작이에요.

Q 퀴즈 1.

기업의 사회적 책임(CSR)은 돈을 많이 버는 것에 집중하는 활동이다. (O / X)

A. X (CSR은 돈을 버는 데 그치지 않고 사회, 환경, 복지 등을 함께 고려하는 책임 있는 기업 활동이에요.)

Q 퀴즈 2.

다음 중 '진짜 부자'에 가까운 사람은 누구인가요?

① 고가의 물건을 자랑하며 소비하는 사람
② 돈을 벌어 혼자만을 위해 쓰는 사람
③ 번 돈을 기부하고 사회에 환원하는 사람
④ 비트코인으로 단기간에 큰 수익을 낸 사람

A. ③ (진짜 부자는 돈을 잘 쓰고, 사회에 좋은 영향을 주는 사람이에요.)

소비에도 철학이 필요해

그 돈, 네 돈이면 그렇게 쓸 수 있어?

"이거? 카드 긁었지, 뭐. 우리 엄마 거."

도윤은 웃으며 새로 산 재킷을 툭 털었다. 디자인, 로고, 가격까지 전부 '비쌀 것'이 분명한 물건. 그런데 도윤은 그런 걸 늘 아무렇지 않게 입고 다녔다. 비싼 옷, 새 가방, 한정판 스니커즈까지. 늘 엄마 카드 한 장이면 다 해결되는 듯했다.

"야, 너도 뭐 하나 사. 오늘 기분 쏘는 날이야."

"됐어. 난 그냥 간식이면 충분해."

제경은 웃었지만, 마음 한쪽이 묘하게 씁쓸했다.

'나도 저런 카드 하나 있으면 얼마나 편할까…'

그러면서도, 동시에 '그게 진짜 도윤 거 맞긴 한가?'라는 생각이 스쳤다.

며칠 뒤, 도윤과 함께 서점에 들렀다. 제경이 책값을 계산하는 동안, 도윤은 한 손에 책을 든 채 멈춰 서 있었다.

"너 안 사?"

"…아니, 그냥 다음에."

도윤은 짜증 섞인 숨을 내쉬었다.

"아, 진짜. 우리 엄마가 카드 막아버렸어."

"갑자기 왜?"

"몰라. 지출 너무 많다고. 아빠랑 또 싸웠대."

말은 툭 내뱉었지만, 도윤의 표정은 평소와는 달랐다. 자신감 넘치던 얼굴이 어딘가 당황스럽고 불편해 보였다. 그 짜증은 단순히 불편해서가 아니었다.

제경은 알 것 같았다. 그건 자신이 '갖고 있다'고 믿었던 자유가 사실은 부모가 허락한 범위 안의 것이었다는 걸 마주한 순간의 감정이었다. 그 자유가 꺼지자, 자신도 함께 꺼져버린 기분이었을 거다.

도윤에게 그 신용카드는 마치 도깨비방망이 같았을지 모른다. 쓰면 뭐든 생기고, 그게 자신을 특별하게 만들어주는 줄 알았을 것이다. 그런데 이젠, 친구들 앞에서 '있는 척', '멋있는 척' 할 수 있는 무기가 사라진 셈이었다.

'그게 자기 돈이었으면… 도윤이는 그렇게 썼을까?'

제경은 조용히 중얼거렸다.

그날 밤. 제경은 며칠 전 알바비로 산 만 원짜리 볼펜을 꺼내 들었다. 몇 날 며칠을 고민하다 고른 물건. 누가 보면 별것 아닐 수 있었지만, 제경에 겐 '내가 번 돈으로, 내가 결정해서 산' 단가 높은 첫 소비였다.

'내가 직접 번 돈, 내가 쓸 수 있고, 내가 책임질 수 있는 돈.'

작은 소비였지만 묘하게 자랑스럽고, 기분 좋은 무게감이 손끝에 남아 있었다. 그 순간 문득 생각이 들었다.

도윤은 지금까지 소비가 아니라 그냥 '지출'을 해온 거였다. 꼭 필요한 물건인지 고민하지 않았고, 조금 더 저렴한 대안은 생각해 본 적도 없었다. 부모님의 돈이니까, 고민할 이유도 없었던 거다.

소비가 아니라, 낭비. 멋있어 보였던 것도 결국은 부모 돈이 만든 외형이었고, 그 안에 있는 도윤은 스스로 내세울 기준도, 자신감도 없이 보였다. 그리고, 그 허상의 이미지는 그렇게 막을 내렸다.

제경은 조용히 노트를 펼쳐, 이렇게 적었다.

"진짜로 내가 벌어서 가진 돈이라면, 과연 그렇게 막 쓸 수 있을까?"

"내가 갚아야 할 돈이라면, 그렇게 쉽게 옷 사고, 카페 가고, 친구들에게 쏘며 다닐 수 있을까?"

"내가 땀 흘려 번 돈엔 이상하게도 '고민'이 따라붙는다. 그리고 그 고민이, 같은 소비를 해도 후회 없이 남는 만족을 만들어준다."

Chapter 4-3.1: 그 돈, 네 돈이면 그렇게 쓸 수 있어?

1. 공짜 돈에는 감각이 없다

누군가가 대신 내주는 돈, 예를 들어 부모님의 카드로 하는 소비는 '내가 쓰는 돈'이라는 감각이 줄어들어요. 그 결과 '비싸다'는 기준도 무뎌지고, 비교도, 절제도 없이 소비하게 되죠.

→ 이런 걸 '금전 감각 상실'이라고 해요.

2. 돈을 직접 벌어보면 소비 습관이 달라져요

아르바이트를 해보거나, 스스로 모은 돈으로 무언가를 사보면 그 돈이 얼마나 '무겁고 소중한지' 몸으로 느끼게 돼요. 같은 5,000원을 쓰더라도 더 오래 고민하고, 더 신중하게 결정하게 되죠.

3. 소비에는 '책임'이 따라요

소비는 단순한 쇼핑이 아니라 '선택'이에요. 그 선택에는 반드시 책임이 따라요. 예를 들어, 카드를 긁을 땐 '지금 내가 이걸 왜 사는지' '후회하진 않을지'를 스스로에게 묻는 습관이 필요해요.

4. 진짜 내 돈은 '내가 감당할 수 있는 돈'이에요

부모님 카드 한 장은 편하지만, 사실은 '내 권한 밖의 돈'이에요. 진짜 내 돈은 내가 직접 벌거나 내가 관리하고 내가 책임질 수 있는 범위에서 쓸 수 있는 돈이에요. 그런 돈을 다룰수록, 돈에 휘둘리지 않는 사람이 되어가요.

Q 퀴즈 1.

부모님의 카드로 결제하는 것은 내 돈을 쓰는 것이기 때문에, 금전 감각을 기를 수 있다. (O / X)

A. X (부모님의 돈을 쓸 땐 돈의 '무게'를 느끼기 어렵기 때문에 금전 감각이 무뎌지기 쉬워요.)

Q 퀴즈 2.

자신이 직접 벌거나 관리하면서 감당할 수 있는 돈을 무엇이라고 하나요?

A. 진짜 내 돈 (진짜 내 돈은 '내가 책임질 수 있는 범위 안에서 쓰는 돈'을 말해요.)

Q 퀴즈 3.

다음 중 금전 감각을 기르기 가장 좋은 방법은?

① 부모님 카드로 자유롭게 쓰기

② 직접 번 돈으로 필요한 것을 사보기

③ 친구에게 용돈을 빌려 쓰기

④ 무이자 할부로 먼저 사고 나중에 갚기

A. ② (직접 번 돈을 써보면 돈의 소중함을 자연스럽게 깨닫게 돼요.)

소비는 내 개성을 표현하는 언어

"야, 그거 신상 아니야?"

체육 시간 끝나고 옷을 갈아입는 중이었다. 한 친구가 슬쩍 제경의 반팔 티셔츠를 보며 말했다.

"요즘 그 브랜드 애들 사이에서 유행이래. 연예인 누구도 입었더라."

"어… 그런가?"

사실 그 티셔츠는 제경이 시장에서 9,900원에 산 거였다. 디자인이 마음에 들었고, 입었을 때 편했다. 그게 다였다. 하지만 누가 "신상"이라고 하니, 괜히 그런 척 고개를 끄덕이게 되는 자신이 살짝 우스워졌다.

"넌 브랜드 안 따지냐?"

쉬는 시간, 도윤이 물었다. 도윤은 다시 카드가 풀렸는지 새 운동화를 신고 왔다.

"딱히. 그냥 마음에 들면 사지. 그게 뭐든."

"와… 그건 좀 대단하다. 난 솔직히 남 눈 의식 엄청나게 하거든."

"나도 아예 안 하진 않아. 근데 그걸로 나를 포장하고 싶진 않아."

제경의 말에 도윤이 잠시 말을 멈췄다. 그리고 조용히 말했다.

"그 말, 좀 멋있다."

그날 저녁, 제경은 집에 와서 책상 위 노트를 펼쳤다. 가계부 옆에 붙여

둔 작은 기록장이 하나 있었다. 최근 산 물건들의 목록이 빼곡히 적혀 있었다. 그 안엔 가격 대신, 왜 샀는지, 살 때 기분은 어땠는지, 지금 얼마나 잘 쓰고 있는지가 메모처럼 정리돼 있었다.

✔ 흰색 반팔 티 – 입었을 때 편함. 내가 고른 색.
✔ 문방구 볼펜 – 글 잘 써짐. 아르바이트비로 산 첫 아이템.
✔ 중고 이어폰 – 배송은 느렸지만, 성능 만족.
✘ 무늬 셔츠 – 입고 보니 나랑 안 맞음. 좀 과했음.

'내가 뭘 사느냐보다, 그걸 왜 샀는지가 더 중요한 것 같아.'

제경은 그렇게 생각했다.

'같은 돈을 써도, 누군가는 남 따라가느라 쓰고, 누군가는 자기 취향대로 쓰고, 누군가는 그냥 비워지는 기분으로 쓰는 것 같아.'

소비는 단순히 돈을 쓰는 일이 아니었다. '나를 보여주는 방식'이라는 걸 요즘 들어 자꾸 느끼고 있었다. 브랜드가 아니라, 선택의 이유가 나를 말해주는 거였다. 그리고 그 선택을 쌓아가는 일이, '나만의 기준'이 되어주는 거였다.

그날 밤, 제경은 이런 문장을 노트에 적었다.

"나는 요즘 '이 물건이 나랑 어울리는지'를 먼저 생각하게 된다."

"싸게 샀는지보다, 오래 쓰고 싶은 물건인지가 더 중요하다."

"남들이 뭐라 하든, 내가 고르고, 내가 쓰고, 내가 좋아하는 물건이라면, 그게 진짜 나다운 소비다."

Chapter 4-3.2: 소비는 내 개성을 표현하는 언어

1. 소비는 '나'를 보여주는 말 없는 자기소개예요

내가 어떤 물건을 고르고, 어떻게 쓰는지를 보면 그 사람이 어떤 취향을 가졌는지, 무엇에 가치를 두는지 알 수 있어요. 그래서 '소비'는 단순한 행동이 아니라, 자기표현의 방식이 될 수 있어요.

2. 가심비 = 내 마음이 만족하는 소비

가심비는 '가격 대비 마음의 만족'을 뜻해요. 다른 사람 눈에는 평범해 보여도 나에게 특별한 의미가 있다면 그건 충분히 가치 있는 소비예요.

→ 값보다 감정, 브랜드보다 취향이 더 중요한 소비!

3. 소비 기준은 스스로 만드는 거예요

요즘 유행한다고, 친구들이 산다고 무작정 따라 사기보다 내가 정말 필요하고 마음에 드는 걸 골라야 해요. 처음엔 어렵지만, 작은 선택들이 모여 나만의 소비 철학이 생기게 돼요.

4. 실패한 소비도 나를 알려주는 경험이에요

가끔은 충동적으로 물건을 사고 후회할 수도 있어요. 그런 경험이 쌓이면 '다음에는 이렇게 사야지' 하는 기준이 생겨요.

→ 중요한 건 '후회 없는 소비'가 아니라, 후회에서 배우는 태도랍니다.

돈 앞에서 단단해지는 관계

첫 여행 예산 초과! 데이트 위기 발생!

"제경아, 시험 앞두고 있어서 그런가 요즘 나 머리가 너무 아프네. 우리 이번 주말에 도서관만 있지 말고 잠깐 바람이라도 쐬고 오는 거 어때?"

지수의 말에 제경의 눈이 번쩍 뜨였다. 요즘 지수는 피곤해 보였다. 정신없이 지나간 1학년과 압박감이 두 배는 심해진 듯한 2학년. 고등학교 공부는 중학교와는 차원이 달랐고, 체력도, 정신도 지쳐가고 있었다. 그런데 날씨는 좋고, 따뜻했고… 봄이었다.

지수는 별뜻 없이 말했겠지만, 제경의 심장은 다시 뛰기 시작했다.

'이번엔 진짜 데이트다.'

아니다, 지수도 알고 있겠지. 서로 말은 안 했지만, 둘만의 분위기는 확실히 '그쪽'으로 가고 있었다.

장소는 뚝섬. 복합문화공간, 루프탑, 전시회, 예쁜 카페까지. 고등학생도 무리 없이 갈 수 있고, 사진도 예쁘게 나오는 데이트 명소였다.

"우리 각자 예산 정해서 움직이자. 나는 오늘 용돈 2만 원 쓸 수 있어."

"좋아, 나도 그쯤 생각했어."

둘은 편의점에서 삼각김밥으로 아침을 때우고, 전시관 입장료 3천 원을 냈다. 가성비 데이트, 계획대로 잘 흘러갔다. 문제는 점심이었다.

지수가 SNS에서 찾아온 브런치 카페. 예뻤다. 사람도 많았고, 메뉴판부터가 감성으로 무장돼 있었다. 문제는… 가격이었다.

"아보카도 오믈렛 16,500원, 시그니처 버거 18,000원…"

제경의 눈썹이 살짝 떨렸다. 카드를 만지작거리는 손에 땀이 배었다. 이거 먹으면 오늘 예산이 거의 끝난다.

"괜찮아. 내가 낼게."

"아냐, 반반 내자."

지수는 그렇게 말하며 이미 지갑을 꺼내고 있었다.

식사는 맛있었지만, 제경의 표정은 묘하게 굳어 있었다. 카페, 포토존, 작은 소품샵, 그리고 사진 인화. 쉴 새 없이 돈이 빠져나갔다. 지하철역으로 돌아오는 길, 둘 사이엔 이상하게 말이 없었다.

"지수야, 우리… 좀 오버한 거 같지 않아?"

조심스럽게 꺼낸 제경의 말에, 지수가 멈칫했다.

"…뭐가?"

"오늘, 돈. 너무 많이 썼잖아. 분명 예산 정했는데."

"그래도 오늘 즐겁지 않았어?"

제경은 한숨을 쉬었다.

"즐거운 건 즐거운 거고… 나 지금 통장에 3천 원 남았어."

지수의 눈썹이 살짝 찌푸려졌다.

"그럼 아까 그 카페도 그냥 가지 말지 그랬어."

"네가 너무 가고 싶어했잖아. 분위기도 너 좋아하는 느낌이라…"

"그러면 좋다고 같이 가 놓고, 이제 와서 돈 아깝다는 말은 좀 그렇다."

둘 사이에 정적이 흘렀다. 제경은 땀이 맺힌 손바닥을 바지에 쓸며 말했다.

"미안. 진짜 그 말 하려고 한 건 아니야. 그냥… 나도 불안해서 그래. 돈 쓸 때마다 내가 감당할 수 있을까 계속 계산하게 되더라. 기분은 좋은데, 그 기분이 끝나고 나면 지갑은 진짜 텅 비는 게 현실이니까."

지수는 잠시 말이 없었다가, 살짝 고개를 끄덕였다.

"나도 알지. 사실 나도 중간에 좀 찔렸어.

특히 마지막 사진 인화는 안 해도 되는 거였던 거 같아."

지하철 창밖으로 봄 햇살이 지나갔다. 지수는 조심스럽게 손을 내밀었다.

"우리 다음엔, 아예 하루 예산표를 만들자. 간식, 식사, 카페 다 쪼개서. 그 안에서만 쓰고, 만약 넘어가면 그건 다음에 놀 때 마이너스로 돌리는 거야. 어때?"

제경은 웃으며 고개를 끄덕였다.

"좋다. 진짜 재무 설계 커플이네, 우리."

둘은 서로를 바라보며, 처음보다 조금 더 단단한 미소를 지었다.

Chapter 4-4.1: 첫 여행 예산 초과! 데이트 위기 발생!

1. 예산은 '소비의 안전벨트'예요

예산이란 '지출의 계획표'를 말해요. 오늘 하루 또는 이번 주에 얼마를 쓸지 미리 정해두면 감정에 휘둘리지 않고 돈을 지킬 수 있어요. 예산은 '쓸 수 있는 돈'이 얼마인지도 중요하지만 그보다 '어디에 쓰고 싶은지' 기준을 세우는 거예요.

2. 데이트도 '공감 예산'이 필요해요

사랑도 돈이 드는 활동이에요. 데이트할 땐 상대의 경제 상황도 고려해야 해요. 한쪽이 무리하면 관계가 어긋나기 쉬워요.

→ 서로의 예산을 정하고 합의하는 연습이 '성숙한 관계의 시작'이에요.

3. 감정 소비는 분위기와 타이밍에 흔들려요

좋은 장소, 특별한 순간, 들뜬 기분은 '계획하지 않은 소비'를 부를 수 있어요. 그래서 '이건 진짜 필요한 소비였나?'를 소비 후 한 번 되짚어보는 습관이 중요해요.

4. 지출도 감정도 기록하면 성장할 수 있어요

'데이트 가계부'나 '감정 지출 일기'처럼 그날의 소비와 감정을 같이 적어보면 다음엔 어떤 소비를 줄이고, 어떤 소비를 더 해도 괜찮을지 기준이 생겨요.

→ 돈을 쓰는 일에도 되돌아보는 눈이 필요해요.

Q 퀴즈 1.

예산은 '돈을 얼마나 벌었는지'를 정리하는 표이다. (O / X)

A. X (예산은 '돈을 어떻게 쓸지' 미리 계획하는 표예요. 수입보다 '지출 계획'에 가깝답니다!)

Q 퀴즈 2.

데이트할 때 서로의 상황을 고려해 미리 정해두는 지출 계획을 뭐라고 하나요?

A. 공감 예산

(공감 예산은 상대의 형편까지 함께 고려해서 정하는 '배려하는 예산'이에요.)

Q 퀴즈 3.

다음 중 감정 소비를 줄이는 데 도움이 되는 습관은?

① 기분 좋을 때 무조건 쓰기
② 데이트는 무조건 멋진 곳에서 하기
③ 소비 후, 왜 썼는지 돌아보기
④ 예산 없이 즉흥적으로 쓰기

A. ③

(소비 뒤에 '이건 잘한 선택이었나?' 되돌아보는 습관이 감정 소비를 줄여줘요.)

그걸 왜 샀냐고? 나한테는 추억이야

집으로 돌아가는 길.

"이건 또 뭐야?"

지수는 쇼핑백을 보며 눈을 가늘게 떴다. 제경은 멋쩍게 웃으며 쇼핑백 안의 작은 탁상시계를 꺼냈다. 마른 나무로 만든 고전적인 디자인. 전시관 기념품 코너에서 산 것이었다. 가격은 7,800원.

"기념품이야."

"우리가 시간을 너무 많이 봐서 시계 산 거야?"

"아니… 그냥, 오늘 날짜가 박혀 있더라고. 우리 첫 데이트잖아."

지수는 잠깐 말이 없었다. 그러더니, 피식 웃으며 어깨를 내렸다.

"그거 하나 사느라 점심때 음료 뺐잖아."

"음료보다 이게 더 남을 것 같아서."

"넌 진짜 이상해. 그러니까 좀 귀엽긴 하지만."

지하철 안. 지수는 제경의 쇼핑백을 물끄러미 바라보더니 조용히 말했다.

"사실 나도, 예전에 인형 샀다가 엄마한테 혼난 적 있어. 누가 보면 그냥 천 조각 뭉치인데… 나한테는 수학 시험 망친 날 위로받은 기억이었거든."

제경은 고개를 끄덕였다.

"남한테는 아무것도 아닐 수 있는데, 나한테만 특별한 소비, 있지."

"응. 기분 같은 거, 추억 같은 거. 그냥 지워지지 않게 잡아두는 소비."

그날 밤, 지수는 가방 안에서 작은 포장지를 꺼냈다. 거기엔 제경이 사준 나무 시계가 들어 있었다. 뚜껑을 열자, 시계 아래에는 오늘 날짜와 함께 '뚝섬, 14:28'이 새겨져 있었다. 지수는 시계를 천천히 책상 위에 올려두었다.

"쓸데없는 게 아니라, 특별한 거였구나."

그날 밤, 제경은 책상에 앉아 가계부를 펼쳤다. 기존의 '일상 소비' 항목 아래, 새로운 두 개의 칸을 추가했다. 하나는 '데이트 예산 기록', 다른 하나는 '기억 소비'. 금액만 적는 게 아니라, 감정도 함께 쓰는 칸이었다.

'오늘은 계획보다 8천 원 초과. 브런치는 비쌌지만 분위기 좋았음. 사진 인화는 살짝 후회. 그런데 나무 시계는… 오래 기억에 남을 것 같다. 쓸모보다 마음에 남는 소비도 분명히 있다.'

사랑은 감정으로 하고, 돈은 계획으로 써야 한다. 그리고 때때로, 계획을 넘어서는 감정도 가치가 될 수 있다는 걸, 그는 오늘에서야 처음 배웠다.

Chapter 4-4.2: 그걸 왜 샀냐고? 나한테는 추억이야

1. 기억에 남는 소비는 마음에도 남아요

같은 만 원이라도, 특별한 순간에 산 물건은 그 가격보다 훨씬 큰 의미가 되기도 해요. 이걸 기억 소비라고 해요.

→ '가성비'보다 가치와 감정을 중시하는 소비예요.

2. 물건에는 감정이 담겨 있어요

어떤 소비는 단순히 물건을 사는 게 아니라, 그 순간의 기분, 함께 했던 사람, 풍경까지 함께 담겨요. 그래서 누군가 보기엔 사소해도 나에겐 작은 기념비 같은 소비가 될 수 있어요.

3. 추억 소비는 '후회 없는 소비'를 만들어요

시간이 지나도 '정말 잘 샀다'고 생각나는 물건들이 있어요. 그건 가격보다 기억이 남아 있어서예요.

→ 감정에만 끌리는 소비와, 진짜 감정이 담긴 소비는 완전히 달라요.

4. 스스로 이유 있는 소비를 해보세요

'왜 샀는지' 생각하며 소비하면, 물건 하나하나가 내 기준을 만드는 재료가 돼요.

→ "그땐 힘들었지만 이걸 샀고, 그래서 지금도 기억에 남아."

이런 경험은 평생 가는 경제 감각이 되어준답니다.

진짜 부자란 누구인가?

금수저만 성공한다고? 진짜 성공 스토리란?

"야, 너 어제 그거 봤냐? 아파트 경비원 아들인데, 지금 연 매출 10억 넘게 찍는 치킨집 사장."

지수의 말에 제경은 고개를 돌렸다. 전날 경제동아리 단톡방에 올라온 인터뷰 영상. 화면 속 청년은 정장 대신 후드티를 입고, 간판도 없는 조그만 점포 앞에서 인터뷰를 시작했다. 이름은 이현수, 고졸. 창업 6년 차. 지금은 브랜드를 만든 대표지만, 시작은 배달 아르바이트였다.

"처음에는 진짜 손님이 하루에 세 명, 그게 다였어요. 닭도 직접 튀기고, 배달도 제가 했죠. 매장 보증금도 없어서, 아버지 퇴직금 일부를 빌렸어요. 진짜 마지막 수단이었어요."

말투는 조용했지만, 눈빛은 꽉 잡혀 있었다. '간절함'이 말이 아니라 눈에서 보였다.

"포기하고 싶을 때요? 매일이었죠. 근데 못 했어요. 이게 무너지면, 우리 집도 같이 무너지니까요."

인터뷰는 그의 성공담으로 이어졌다. 리뷰 블로그를 직접 만들고, 손 편지를 동봉하고, 고객 피드백 하나하나 다 정리하며 분석했다는 대목에서, 제경의 손끝이 저릿해졌다. 이현수는 그렇게 SNS 입소문을 키워 전국에 가맹점을 열었고, 지금은 직원도 스무 명이 넘는다.

"요즘도 가끔은 제가 직접 닭 튀겨요. 이 브랜드는 제 이름이잖아요. 손에서 안 놓고 있어야, 진짜 제가 만든 거죠."

영상을 멈춘 뒤에도, 제경은 한참 동안 화면을 응시했다. 이현수가 한 말 하나하나가 속에 깊이 박혔다. 말투, 표정, 웃음. 꾸며낸 게 하나도 없었고, 그게 더 강하게 남았다. 이건 그냥 성공한 사람이 아니라, 바닥에서 올라온 사람의 냄새였다. 그는 자기가 이룬 걸 '운'이나 '기회'라 말하지 않았다. 하루하루 무너지지 않으려 버틴 끝에 얻은 결과라고 말할 뿐이었다.

반면, 그날 동아리방에서는 또 다른 이야기가 나돌았다.

"야, 민성이네 아버지 회사 완전히 망했다던데?"

"진짜? 걔 작년까지만 해도 벤츠 타고 다녔잖아."

"스타트업이었는데, 이사였던 삼촌이 횡령했대. 그게 터져서 줄줄이 부도났대."

제경은 말없이 그 이야기를 들었다. 민성인 학교에서 가장 유명한 부잣집 아들 중 하나였다. 명품 백팩, 비싼 시계, 매일 다른 신발. 전교에서 손꼽히는 '찐 금수저'였다.

"근데 진짜 웃긴 거 뭔지 알아?" 지수가 고개를 돌리며 말했다. "걔네 회사 힘들어진 지 꽤 됐었대. 근데도 걔는 그대로였던 거래. 여전히 명품 휘두르고 다니고, 카드 긁고, 해외 배송 옷 입고… 그게 다 진짜 자기 돈인 줄 알았나 봐. 아무리 그래도 지금은 학원도 학교도 아예 안 보인다더라."

입시가 코앞인데 어쩌냐…너무 무서운가 봐. 사람들이 알게 되는 게."

제경은 순간, 가슴이 철렁 내려앉았다. 민성이는 정말 '부자'처럼 보였던 아이였다. 적어도 겉으론, 누구보다 완벽했다. 하지만 정작 그가 뭘 누리고 있었는지, 그걸 위해 누가 어떤 부담을 짊어졌는지… 민성이는 전혀 모르고 있었던 거다.

아마 체면이 더 중요했을 수도 있다. 아니면, 자기 집은 늘 부자였으니 곧 괜찮아질 거라고 막연하게 생각했을지도 모른다. 그 무지함이 결국, 그를 더 깊이 무너지게 만든 건 아니었을까.

'결국 똑같은 거였구나. 이현수는 아무것도 없었지만, 뭘 해야 할지는 알고 있었고. 민성은 다 있었지만, 그게 뭔지도 몰랐던 거고.'

제경은 이현수의 한 문장이 다시 머리에 맴돌았다.

"아무것도 없을 때, 사람은 대신 절실해져요. 그 절실함이 결국 저를 버티게 해줬어요."

그날 밤, 제경은 가계부 첫 장 여백에 작은 글씨로 이렇게 적었다.

진짜 부자는, 가진 걸 모르는 사람이 아니라, 하나라도 갖기 위해 뭘 할지 아는 사람이다. 돈을 주는 사람보다, 돈을 다룰 줄 아는 사람이 오래 간다.

Chapter 4-5.1: 금수저만 성공한다고? 진짜 성공 스토리란?

1. 자산 격차 = 출발선이 다른 세상

부모님이 가진 자산이 많을수록 아이들은 더 많은 교육 기회, 정보, 환경을 누릴 수 있어요. 이게 바로 출발선의 차이, 흔히 말하는 '금수저'와 '흙수저'의 현실이에요.

2. 하지만 '기회는 노력으로 잡아야' 진짜 내 것이 돼요

금수저가 기회를 더 쉽게 얻는 건 맞지만, 기회를 붙잡고 키우는 힘은 결국 본인의 몫이에요. 절실함과 꾸준함, 실패를 딛는 힘은 어떤 배경보다 큰 자산이 될 수 있어요.

3. 기회비용 = 뭔가를 선택할 땐, 포기하는 것도 있다

공부 시간, 휴식 시간, 아르바이트… 하나를 선택하면 다른 걸 포기해야 해요. 이때 포기한 것의 가치를 기회비용이라고 해요.

→ 성공한 사람들은 자신만의 우선순위를 잘 정하는 법을 알고 있어요.

4. '성공'의 기준은 돈이 아니라 '가능성'이에요

진짜 성공은 돈이 많아지는 게 아니라, 내 삶을 내가 선택하고, 원하는 방향으로 꾸준히 나아가는 것이에요. 그래서 '성공'은 누구에게나 열려 있어요. 단지 길이 다를 뿐이에요.

부모님의 부(富)는 결코 공짜가 아니다

"야, 박지석! 너희 아버지 투자전문가이시라며? 주식으로 몇 억 번다고 들었어."

"맞아. 부동산도 잘 보시고, 투자 칼럼도 쓰신다고 들었어."

쉬는 시간, 아이들 사이에서 박지석 이야기가 흘러나왔다. 전교 1등, 말투는 점잖고 조용하고, 옷은 늘 깔끔했다. 어디 하나 튀지 않았지만 어딜 가든 중심이 되는 사람. 제경은 가끔 그런 지석이가 신기했다. 집안도 잘 살고, 본인도 공부를 잘하고, 그런데 단 한 번도 잘난 척을 해본 적이 없었다.

"쟤는 진짜 대단한 게 뭔 줄 알아? 자기 아버지가 뭘 하든, 한 번도 그런 거 앞세우는 거 본 적 없어."

"근데도 다들 인정하지. 뭔가… 있어 보여."

그날 경제동아리 수업 시간. 지석이는 '가족과 돈'을 주제로 발표를 맡았다. 기대 없이 앉아 있던 교실에, 그의 첫 마디가 울려 퍼졌다.

"저는 부모님 덕분에 부족함 없이 살아왔습니다. 하지만 그걸 제 거라고 생각한 적은 한 번도 없습니다."

순간, 교실이 조용해졌다. 지석이는 천천히 말을 이었다.

"부모님의 부는 부모님의 시간과 책임에서 나온 결과입니다. 저는 그걸 잠시 누리고 있을 뿐이에요."

단정한 목소리, 천천히 이어지는 말들. 그 안에는 어떤 강요도, 과시도 없었다. 그저 있는 그대로, 담백하게 전해지는 말이었다.

"부자는 물려받는 게 아니라, 감당하는 거라고 아버지가 말씀하셨어요. 가진 걸 오래 지키려면, 그 무게도 같이 져야 한다고요."

그는 발표 중간, 작은 메모지를 꺼내어 이렇게 말했다.

"워런 버핏은 이렇게 말했어요. '부를 물려주는 것보다 더 중요한 건, 그 부를 지킬 수 있는 정신을 물려주는 것이다.' 전, 아버지께 그걸 배우고 있다고 생각해요."

지석이는 말을 마무리하며 고개를 들었다.

"그래서 저는 고민합니다. 제가 배워야 할 게 뭔지, 앞으로 이 자리를 받게 됐을 때 뭘 할 수 있을지를. 그리고 그 고민이, 결국 저 자신을 지키는 힘이 될 거라고 믿습니다."

발표가 끝나자, 교실은 이상하게 정적에 잠겼다. 누군가는 고개를 떨구었고, 누군가는 조용히 지석이를 바라봤다. 과장은 없었지만, 묘하게 무게가 남는 말들이었다.

제경은 문득, 그 말들 속에서 자기가 떠올랐다. 그동안 '부모님의 부'라는 건 그냥 부럽기만 한 대상이었다. 하지만 지석이를 보며 처음으로 그런 생각이 들었다. 그건 부러운 게 아니라, 버거운 걸지도 모른다고. 부를 받는다는 건 단순히 무언가를 얻는 게 아니라, 그걸 지켜내야 할 책임이 같이 따라붙는 거고, 그걸 감당할 준비가 안 된 사람은 결국, 그 무게에 짓눌릴 수도 있다는걸.

그날 밤, 제경은 가계부 여백에 이렇게 적었다.

진짜 부자란, 단순히 가진 사람이 아니라 그걸 감당할 줄 아는 준비가 된 사람이다. 부는 공짜가 아니다. 우리가 가진 것은 결국 우리를 시험하는 도구다.

Chapter 4-5.2: 부모님의 부(富)는 결코 공짜가 아니다

1. 부는 '지켜내는 노력'까지 포함된 결과예요

　돈을 벌어 부자가 되는 것도 어렵지만, 그걸 유지하고, 다음 세대로 전해주는 건 더 어려운 일이에요. 부모님이 만든 부엔 수많은 선택과 실패, 책임과 위험이 따라요.

　→ 겉으로 보이는 '결과'보다, 그 속에 숨겨진 '노력의 시간'을 생각해보세요.

2. 세습 자산은 '운'이지만, 태도는 '선택'이에요

　물려받은 집, 사업, 투자 자산은 운일 수 있어요. 하지만 그걸 어떻게 다루느냐는 본인의 선택이에요.

　→ 부모님이 부자라고 해서 '나도 잘살 거야'라고 착각하면, 진짜 위험한 순간엔 아무것도 못 하게 될 수 있어요.

3. 자산도 '관리하는 힘'이 있어야 살아남아요

　돈을 잘 쓰는 능력도 중요하지만, 자산을 어떻게 굴리고 지키는지 아는 능력이 더 중요해요. 사업, 투자, 세금, 기부… 이 모든 걸 아우르는 게 부를 지킬 줄 아는 경제 감각이에요.

4. 진짜 부자는 책임을 함께 짊어진 사람이에요

　부자라는 건, 더 많이 가진 만큼 더 많이 책임지는 자리예요. 민서의 아버지처럼 기부를 하고 직원 복지를 챙기고 지역과 환경을 고려하는 그런 사람이 존경받는 부자랍니다.

Q 퀴즈 1.

부모님이 만든 부(富)에는 수많은 선택과 실패, 책임과 위험이 담겨 있기 때문에 단순한 '운'으로 볼 수 없다. (O / X)

A. O (겉으론 쉽게 보일 수 있지만, 부를 이루는 과정에는 엄청난 노력과 책임이 숨어 있어요. 공짜가 아닌 '결과'랍니다!)

Q 퀴즈 2.

부모님이 부자라고 해서 나도 자동으로 잘살 수 있다는 생각은 매우 _____한 생각이다.

A. 위험 (부모님의 자산을 물려받았더라도, 관리하지 못하면 금방 사라질 수 있어요. '운'보다 중요한 건 내 태도예요!)

Q 퀴즈 3.

진짜 부자란 더 많은 것을 가지는 사람이 아니라, 더 많은 책임을 지는 사람이다. (O / X)

A. O (부자일수록 사회에 대한 책임도 커져요. 나눔과 배려의 자세가 진짜 부자의 조건이에요!)

나의 경제 이야기, 이제 시작이다

경제 스토리 발표, 학교를 울린 나의 성장기

가계부를 덮고 나서도, 제경의 마음은 쉽게 진정되지 않았다. 민성 선배 이야기, 이현수 사장의 말, 박지석의 조용한 태도까지. 그 모든 것이 머릿속에서 얽혀 있었다.

'부자'라는 단어는 이제 예전처럼 단순히 부러운 말이 아니었다. 그건 '내가 되고 싶은 어른'의 이미지가 되었다. 그날 이후, 제경은 며칠을 멍하게 지내다가, 자신도 모르게 노트북을 켰다.

"이번 달 말에 전교 경제 스토리 발표회 있대. 우리 반에서도 두 명 대표로 뽑는다고 하더라."

지수의 말이었다. 고3이고, 입시가 코앞이라 다들 부담스러워했지만, 제경은 이상하게 그 말을 듣는 순간, 심장이 쿵 하고 내려앉았다. '지금 아니면 안 되겠다는' 감정이 불쑥 올라왔다.

'나 혼자만 알고 있기엔… 이제 너무 많이 배워버렸어.'

돈이 뭐냐는 질문 하나에서 시작했던 고민. 그러나 지금 제경의 노트엔 경제 개념이 아니라 감정, 태도, 철학이 담겨 있었다.

"그냥… 나라도 한번 해볼까?"

"진짜? 너 요즘 입시 준비하느라 잠도 못 자잖아."

"그러니까. 지금 정리 안 하면, 내가 뭘 배운 건지 그냥 잊어버릴 것 같아서."

지수는 웃으며 말했다.

"그 말, 되게 멋있다."

며칠 뒤, 교실에서 예선이 열렸다. 지수는 '가치 소비'를 주제로 한 편의 에세이를 읽었고, 다른 친구는 증권 앱에서 가상투자 수익률을 정리해 발표했다. 제경은 망설이다가, 가계부 노트를 꺼내 들었다.

"전, 제 손으로 돈을 번 적이 있어요. 그리고 그 돈을 쓸 때, 이상하게 손이 떨렸습니다."

교실이 조용해졌다.

"편의점 아르바이트로 벌었고, 수입은 적었지만 그 안에서 선택하고 포기하고, 감정을 조절해야 했어요. 그래서 저는 '돈을 다루는 법'보다, '돈을 통해 나를 다루는 법'을 배운 것 같아요."

말이 끝나자, 박수가 이어졌고, 며칠 뒤 복도 게시판에는 '본선 진출 한제경'이라는 이름이 또렷하게 올라왔다.

결전의 그날. 전교생 앞에서 펼쳐지는 무대. 제경은 손에 가계부 노트를 쥐고 조용히 걸어 나갔다. 숨을 들이쉬고, 마이크 앞에 섰다.

"안녕하세요. 저는 3학년 한제경입니다. 지금부터 제가 살아오면서, 그리고 돈을 배우며 겪었던 이야기를 들려드리려고 합니다.

처음 돈이 무섭다고 느낀 건 중학교 3학년 때였습니다. 집안 사정이 어려워졌고, 용돈이 끊겼고, 아르바이트를 시작했습니다. 그때부터 저는 돈이 단순히 물건을 사는 도구가 아니라, 내가 뭘 할 수 있고, 뭘 못 할지를 결정하는 '현실'이란 걸 알게 됐어요.

돈이 없어서, 하고 싶은 걸 포기한 적이 많았습니다. 치킨 한 마리 시켜 먹는 것도, 교재를 한 권 사는 것도, 누군가에게 쏘는 것도 저에겐 늘 계산이 필요했어요. 그리고 그 계산은 돈의 숫자가 아니라, 저의 우선순위와 감정까지 포함된 계산이었어요.

처음에는 그게 너무 싫었습니다. 왜 나는 늘 '가성비'를 따지고, 왜 나는 늘 선택해야 하지? 하지만 시간이 지날수록 저는 깨달았습니다. 그 수많은 '포기'들이 저를 나답게 만들고 있었다는걸요.

저는 제 손으로 번 돈으로, 제가 진짜 좋아하는 걸 살 때 가장 나다워졌습니다. 그리고 그걸 기록하기 시작했어요. 저는 지금까지 1년 반 넘게 가계부를 쓰고 있습니다. 단순한 수입-지출표가 아니라, 저의 감정, 결정, 성찰을 담은 기록입니다.

그 과정에서 저는, 돈이 삶을 바꾸는 무기이자 거울이라는 걸 배웠습니다. 무기처럼 쓰면 사람을 다치게 할 수도 있고, 거울처럼 보면 나 자신을 돌아보게 해주는 도구가 되기도 합니다.

그래서 저는 지금도 돈이 무섭습니다. 하지만 이제는 그 무서움을 알기 때문에, 함부로 쓰지 않아요. 그 무게를 알고, 그 책임을 배웠기 때문에 조심스럽고, 정직하게 다루려고 합니다.

혹시 지금, '나는 돈이 없어서 꿈을 못 꿔'라고 생각하는 후배가 있다면 그건 당신의 꿈이 부족한 게 아니라, 그 꿈을 설계할 방법을 아직 배우지 않았기 때문일지도 모릅니다.

경제는 공부가 아니라 태도입니다. 어떻게 아끼고, 어떻게 쓰고, 무엇에 투자할지를 결정하는 '태도'. 그 태도 하나가 내 인생을 어디로 끌고 갈지를 바꿉니다.

저는 오늘 이 자리에서 한 가지 약속을 하려 합니다. 저는 앞으로도 돈 앞에서 겸손하되, 돈에 휘둘리지 않고, 돈을 통해 더 많은 사람의 삶을 밝히는 방법을 배워가고 싶습니다.

돈은 제게 이렇게 말했습니다. '너는 어떤 선택을 할 거냐' 그리고 저는 답합니다. '남이 아닌 나의 기준으로, 지금 내 삶을 존중하며 선택하겠다'고.

감사합니다."

Chapter 4-6.1: 경제 스토리 발표 - 학교를 울린 나의 성장기

1. 경제는 '지식'이 아니라 '경험'에서 시작돼요

경제를 잘 안다는 건, 수식과 그래프를 아는 게 아니에요. 실제로 돈을 다뤄보고, 고민하고, 선택하고, 후회해 보는 경험이 진짜 경제 공부의 시작이에요.

2. '경제 문해력'은 삶을 바꾸는 힘이에요

경제 문해력이란 돈에 대한 기본 개념을 알고, 올바르게 판단할 수 있는 힘이에요.

예: 용돈을 관리하고, 저축하고, 소비를 계획하는 습관이 문해력이 있어야 '돈 때문에 무너지는 일'을 줄일 수 있어요.

3. 가계부는 숫자가 아니라 '성장 기록장'이에요

제경이처럼 가계부를 꾸준히 쓰다 보면, 자신의 감정과 소비 습관이 보이기 시작해요. "그땐 왜 그랬지?" "이건 잘했다!" 하는 기록이 나만의 경제 내공으로 쌓이게 되는 거예요.

4. 경제는 '공감'으로 나누는 힘이 되기도 해요

누군가의 경제 이야기를 듣고 눈물이 나는 건, 돈의 액수보다 거기에 담긴 감정과 삶이 느껴지기 때문이에요. 경제는 단지 '계산'이 아니라 서로를 이해하고 도와주는 인간적인 도구이기도 하답니다.

한제경. 그 이름이 그날 이후 학교 안에서 유명해졌다.

"그 발표 봤어? 진짜… 울컥했잖아."

"가계부 얘기하는데, 왜 그렇게 감동이 되냐?"

"나도 한번 써볼까, 가계부?"

경제 동아리실 게시판엔 제경의 발표 일부가 인용되어 붙었다.

'돈은 무기이자 거울이다.'

학생부실에는 교감 선생님이 직접 적은 평가 메모가 남았다.

"태도와 철학을 말한 발표. 청소년 경제교육에 대한 새로운 시사점 있음."

며칠 뒤, 제경의 이야기는 지역 청소년 신문에도 실렸다. 『가계부로 인생을 바꾼 소년』이라는 제목 아래, 그의 사진과 함께 한 문단이 굵게 인쇄되어 있었다.

"돈에 대해 배운 것이 아니라, 돈을 통해 나를 배운 겁니다."

수능이 끝난 겨울. 세상이 잠시 멈춘 듯한 그 공백의 시간. 제경은 도시락 대신 귤을 들고 학교에 나왔고, 지수는 느슨한 롱패딩 안에 털 슬리퍼를 신고 슬렁슬렁 걸어왔다.

"이상하지 않아? 이제 우리 고등학교 끝났어."

지수의 말에 제경은 작게 웃었다.

"나는 그냥… 이제 시작된 기분인데."

두 사람은 운동장 한쪽, 햇빛이 드는 계단에 앉았다. 가방도 없고 책도 없는데, 대화는 자연스레 '앞날'로 흘러갔다.

"지수야, 너 대학 가면 뭐 하고 싶어?"

"음… 글쎄. 아직 모르겠어. 근데, 뭔가를 계속 쓰고 싶긴 해."

"나는 말이야…"

제경은 잠시 말을 고르다, 작게 숨을 들이쉬었다.

그 순간, 제경의 휴대폰이 짧게 떨렸다. 가볍게 알림을 확인하려던 손이, 화면을 본 순간 멈춰 섰다.

『한국대학교 합격을 진심으로 축하합니다』

그 문장. 단 한 줄. 그런데 제경은 마치 시간 전체가 정지한 것 같았다.

숨이 턱 막혔고, 눈앞이 순간 뿌예졌다. 손끝이 떨렸다. 가슴이 요동쳤다.

"지수야…"

목소리가 떨렸다.

"…됐어."

지수가 멍하니 그를 바라보다가, 자기 휴대폰도 켰다. 그리고 잠시 후, 커다란 눈을 부릅떴다.

"잠깐만…! 나도! 나도 붙었어!"

"진짜?"

"진짜! 진짜 진짜 진짜!

우리, 같은 학교야!"

말이 끝나기 무섭게 두 사람은 동시에 뛰었다. 운동장 한가운데에서, 아무도 없는 겨울빛 아래에서, 둘은 서로를 와락 껴안았다. 1월의 찬 바람도 그 순간만큼은 축하처럼 느껴졌다. 입시란 이름의 겨울을 지나, 이제 진짜 봄이 오고 있었다.

웃고, 뛰고, 안고… 한참을 흥분한 채 울먹이던 두 사람은 운동장 끝자락, 오래된 벤치에 앉았다. 한참을 아무 말 없이 앉아 있다가, 제경이 먼저 입을 열었다.

"지수야."

"…응?"

"우리, 진짜 대학생 되는 거야."

"믿기지가 않아."

"근데 나는 말이야…"

제경은 잠깐 말을 고르다가, 조용히 눈을 감았다.

"아까 하려던 말인데 난 대학교에 가면… 단순히 취업을 위한 공부만 하고 싶진 않아."

지수는 고개를 돌려 그의 옆모습을 바라봤다.

"나는, 나처럼 막막했던 애들을 돕고 싶어. 돈이 무서워서 꿈을 줄이는 애들, 계획 없이 쓰다가 불안해하는 애들, 아무도 알려주지 않아서 무너지는 애들… 그런 아이들에게, 진짜 삶을 바꿔주는 경제 교육을 해주고 싶어."

지수는 조용히 미소 지었다.

"나, 지금도 네 말 들으면서 좀 울컥하거든?"

제경은 다시 입을 열었다.

"나는 그냥 선생님이 아니라, 같이 걸어본 형이자 친구처럼 되고 싶어. 그래서 나중엔… 청소년을 위한 금융교육 콘텐츠를 만들 거야. 앱도 만들고, 교재도 만들고, 강연도 하고, 우리나라만이 아니라 전 세계 청소년에게 다가가는 거."

겨울 햇살이 둘 사이에 부드럽게 스며들었다. 지수는 잠시 하늘을 바라보다 말했다.

"그거, 진짜 기대된다. 너한테 배우는 애들은, 뭔가 따뜻할 것 같아. 그리고 너는 분명히 그렇게 될 거야. 왜냐하면 넌 그냥 말이 아니라, 네 삶이 이미 그 방향으로 가고 있으니까."

그 말에 제경도 살짝 웃었다. 그리고 조용히 중얼거렸다.

"이제 진짜 내 이야기를 시작할 시간이지."

Chapter 4-6.2: 합격 통지서 도착! 이제, 내 이야기를 쓸 시간

1. 경제학은 '돈 공부'가 아니라 '삶을 이해하는 공부'예요

경제학은 단순히 주식, 환율, 세금만 배우는 게 아니에요. 왜 사람들은 소비하고, 어떤 선택을 하며, 그 선택이 사회에 어떤 영향을 주는지 삶의 모든 움직임을 배우는 학문이에요.

→ 그래서 누구든 경제학을 공부할 이유가 있어요.

2. 청소년 금융 교육이 중요한 이유

어릴 때부터 돈에 대해 건강하게 배운 사람은 어른이 되었을 때도 소비, 저축, 투자, 기부의 균형을 잘 잡을 수 있어요. 경제는 늦게 배울수록 '습관이 굳어서' 고치기 힘들어요.

→ 제경이처럼 이른 시기부터 '돈의 본질'을 경험한 청소년은 앞으로의 삶을 주도할 수 있어요.

3. '퍼스널 브랜딩'은 10대부터 시작할 수 있어요

나만의 이야기, 나만의 경험, 그리고 내가 만든 경제 습관은 미래의 내 브랜드 자산이 될 수 있어요.

→ 경제 가계부, 경제 스토리 발표, 미니 창업 등이 모든 것이 훗날 나를 설명해 주는 이력서가 될 수 있어요.

4. 경제는 '세상을 바꾸는 도구'가 될 수 있어요

제경이가 꿈꾸는 청소년 금융교육 전문가처럼, 누군가의 삶을 바꾸는 경제교육은 국경도, 세대도 넘을 수 있어요. 나 하나의 변화가, 수많은 청소년의 미래가 될 수도 있어요.

💡 경제는 결국 '사람을 위한 공부'라는 걸 기억하세요.

내가 바뀌면, 내가 사는 세상도 바뀔 수 있어요.

★ Part4 깜짝미션!

미션 1. 나만의 소비 명언 만들기

오늘 하루, 내가 소비한 물건(혹은 사고 싶은 물건)을 떠올려 보자! 그 소비를 떠올리며 나만의 소비 철학 문장을 만들어보자.

예시:

✔ "내가 사는 건 물건이 아니라, 그 물건과 보낼 시간이다."

✔ "내 선택에 이유가 있다면, 그건 후회 없는 소비다."

👉 10자~30자면 충분해요.

👉 종이에 적어 책상 앞에 붙여 놓아도 좋아요!

미션 2. '가계부 아닌 일기' 써보기

오늘 지출한 금액을 하나만 골라 왜 그걸 샀는지, 기분은 어땠는지 적어보자.

✔ 언제, 어디서, 누구와, 무엇을, 왜?

✔ 사고 나서 기분은 어땠는지 솔직하게!

이건 단순한 기록이 아니라 나만의 경제 감정 다이어리가 될 거야.

Q 퀴즈 1.

경제학은 주식이나 세금처럼 돈만 다루는 학문이다. (O / X)

A. X (경제학은 '삶의 선택' 전체를 배우는 학문이에요. 소비, 진로, 사회 변화까지 모두 경제학 안에 들어 있어요!)

Q 퀴즈 2.

'나만의 경험과 습관'을 자산처럼 쌓아가는 것을 무엇이라고 하나요?

A. 퍼스널 브랜딩 (퍼스널 브랜딩은 나를 하나의 '브랜드'처럼 표현하고 성장시키는 과정이에요. 지금의 경제 습관도 중요한 브랜딩 자산이죠!)

Q 퀴즈 3.

어릴 때부터 경제를 배우면, 어른이 되었을 때도 돈을 잘 다룰 수 있다. (O / X)

A. O (경제 습관은 어릴 때부터 기르면 평생 돈 걱정을 줄일 수 있어요. 늦게 시작할수록 고치기 어렵답니다!)

청년이 된 제경,
새로운 도약을 시작하다

고등학교 졸업 후, 제경은 국내 최고의 경제학과에 진학했다. 대학 캠퍼스에서의 제경은 여전히 성실했고, 여전히 질문이 많았으며, 여전히 열정적이었다. 그는 청년 경제 멘토로서 강연 무대에 서고, 소외된 청소년들을 위한 경제 교육 프로그램을 기획하며, 사회적 기업 창업을 준비하는 팀을 이끌었다.

누군가에겐 단순한 '용돈'이었지만, 제경에겐 그것이 인생을 바꾸는 출발점이었다. 이제 제경의 무대는 전국을 넘어, 세계로 뻗어나가고 있었다. 국제 청소년 포럼에 한국 대표로 초청받아 '청소년의 경제적 자립'을 주제로 발표했고, 다큐멘터리 제작 제안까지 받게 되었다.

그는 더 이상 "경제를 공부하는 소년"이 아니었다. 그는 "경제로 세상을 바꾸고자 하는 청년"이었다.

그리고 지금, 제경은 또 하나의 목표를 향해 새로운 스케치를 시작하고 있다. 바로, 전 세계 청소년들을 위한 글로벌 금융 교육 플랫폼 구축. 청소년 누구나, 어디에서든, 자신의 경제를 설계할 수 있도록 돕는 것이 그의 다음 미션이다.

한 소년의 용돈에서 시작된 이 여정은 아직 끝나지 않았다. 아니, 어쩌면 이제야 진짜 시작인지도 모른다.

To be continued…